Lieblings-plätze

FRANKFURT AM MAIN

Lieblingsplätze

FRANKFURT AM MAIN

GMEINER

BERND KÖSTERING / RALF THEE

Autor und Verlag haben alle Informationen geprüft. Gleichwohl wissen wir, dass sich Gegebenheiten im Verlauf der Zeit ändern, daher erfolgen alle Angaben ohne Gewähr. Sollten Sie Feedback haben, bitte schreiben Sie uns! Über Ihre Rückmeldung zum Buch freuen sich Autor und Verlag: lieblingsplaetze@gmeiner-verlag.de

Sofern im Folgenden nicht gelistet, stammen alle Bilder von Ralf Thee:
Bernd Köstering 24, 36, 54, 62, 86, 120, 128, 158; MMK Frankfurt 52; Nikolaos Gatzias Central Park 104; Stadt Frankfurt am Main/gbm modellbau 134

QR-Code einscannen und kostenloses E-Book anfordern.

Besuchen Sie uns im Internet:
www.gmeiner-verlag.de

1., aktualisierte Neuauflage 2021

Im Ehnried 5, 88605 Meßkirch
Telefon 07575 20950
info@gmeiner-verlag.de

Lektorat/Redaktion: Ricarda Dück
Herstellung: Julia Franze
Umschlaggestaltung/Bildbearbeitung: Susanne Lutz
unter Verwendung der Illustrationen von © pixelliebe – stock.adobe.com; © Miceking – stock.adobe.com; © Benjamin Arnold; © SimpLine – stock.adobe.com; © Wiktoria Matynia – stock.adobe.com; © Vlad Klok – stock.adobe.com; © Katrin Lahmer
Kartendesign: © Mirjam Hecht
Druck: AZ Druck und Datentechnik GmbH, Kempten
Printed in Germany
ISBN 978-3-8392-2617-9

Vorwort • Los geht's!
Die kleinste Metropole der Welt 10

FRÜHER UND HEUTE

1 **Innenstadt** • Alte Oper
Dem Wahren, Schönen, Guten 15

2 **Innenstadt** • Goethe-Haus
Pilgerstätte der Literatur 17

3 **Altstadt** • Römer
Frankfurts »Gudd Stubb« 19

4 **Altstadt** • Dom St. Bartholomäus
Der Dom, der eigentlich keiner ist 21

Historie • Kaiser und Könige in Frankfurt
Die Zeremonie war die Krönung 22

5 **Altstadt** • Neue Altstadt
Rund um den Hühnermarkt 25

6 **Altstadt** • Karmeliterkloster
Unbekanntes Kleinod in der Altstadt 27

7 **Innenstadt** • Eschenheimer Turm
Ein würdiges Wahrzeichen der Stadt 29

8 **Westend** • Altes I.G.-Farben-Haus auf dem Campus Westend
Düstere Geschichte mit Happy End 31

9 **Bockenheim** • Senckenberg-Naturmuseum
Schon einem Elefanten begegnet? 33

10 **Sachsenhausen** • Liebieghaus Skulpturensammlung
Außen und innen Kunstwerk 35

11 **Sachsenhausen** • Städel Museum
Von Rembrandt bis Warhol 37

12 **Altstadt** • Hof der Liebfrauenkirche
Ruhepol in der Hektik der Großstadt 39

13 **Höchst** • Höchster Schloss
Ein gefühltes Freilichtmuseum am Main 41

14 **Höchst** • Höchster Porzellan-Manufaktur
Weißes Gold 43

15 **Höchst** • Bolongaropalast
Barocker Palast der Tabakfabrikanten 45

16 **Bergen-Enkheim** • Berger Warte
Ab hier geht es nur noch bergab 47

17 **Schwanheim** • Schwanheimer Düne
Frankfurt liegt nicht am Meer 49

KUNST UND KULTUR

18 **Altstadt** • Museum für Moderne Kunst
Das begehbare Tortenstück 53

19 **Sachsenhausen** • Museum für Kommunikation
Ruf doch mal an! 55

20 **Sachsenhausen** • Museumsufer und Museumsuferfest
Das größte Kulturfest Europas 57

21 **Sachsenhausen** • Deutsches Filmmuseum
Film ab! 59

22 **Bornheim** • Rundgang durchs Naxos-Viertel
Geballte Kultur auf engstem Raum 61

23 **Bornheim** • Obere Berger Straße
Das lustige Dorf 63

24 **Nordend** • Untere Berger Straße
Entschleunigtes Shoppen für Genießer 65

25 **Westend** • Experiminta ScienceCenter
Naturwissenschaft begreifbar gemacht 67

26 **Gutleutviertel** • Westhafen
Alles am Fluss 69

Persönlichkeiten • Goethe und seine Heimatstadt
Der berühmteste Sohn Frankfurts 70

27 **Altstadt** • Kunsthalle Schirn
Schmücken mit fremden Federn 73

28 **Innenstadt** • Main Tower
Panoramablick vom Feinsten 75

29 **Heddernheim** • Ernst-May-Haus
Das Neue Frankfurt 77

30 **Nordend** • Stalburg Theater
Hier werden Sie zum Stoffel 79

31 **Bahnhofsviertel** • Orange Peel Club
Dunkel, rauchig, feinste Musik 81

32 **Sachsenhausen** • Buchhandlung *Die Wendeltreppe*
Miss Marple im Doppelpack 83

ESSEN UND TRINKEN

33 **Innenstadt** • Fressgass
Die Frankfurter Genussmeile 87

34 **Innenstadt** • Rundfahrt mit dem Ebbelwei-Express
Auf Gleisen durch die Stadt 89

35 **Sachsenhausen** • Rundgang durch Alt-Sachsenhausen
Feiern bis zum Morgengrauen 91

36 **Altstadt** • Kleinmarkthalle
Ein Eldorado für die Sinne 93

37 **Ostend** • Apfelweinlokal Zur schönen Müllerin
Hessen à la carte 95

Kulinarik • Typische Frankfurter Gerichte
Wer macht die Musik zum Handkäs'? 96

38 **Sachsenhausen** • Dönerboot Merals Imbiss
Türkischer Grill auf dem Main 99

39 **Niederusel** • Apfelweinlokal Zum lahmen Esel
Alles andere als träge 101

40 **Innenstadt** • Luginsland Skyline Restaurant
Godmother und Paternoster 103

41 **Innenstadt** • Long Island Summer Lounge
Der Strand auf dem Parkhaus 105

42 **Westend** • Kameha Suite
Edles Ambiente im pompösen Altbau 107

43 **Berkersheim** • Gasthaus Zum Lemp
»Frankfurt endet nicht im Nordend!« 109

NATUR UND GRÜN

44 **Innenstadt** • Anlagenring
Spaziergang auf dem Alten Wall 113

45 **Nordend** • Bethmannpark und chinesischer Garten
Ein Park ohne Hunde und Radfahrer 115

46 **Westend** • Palmengarten
Buffalo Bill unter Palmen 117

47 **Nordend** • Hauptfriedhof
Zum Sterben schön 119

48 **Westend** • Hängebuche im Grüneburgpark
Unter grünem Dach 121

49 **Ostend** • Frankfurter Zoo
Ein tierisches Vergnügen 123
50 **Rödelheim** • Entlang der Nidda
Romantische Flusslandschaft 125
51 **Bonames** • Alter Flugplatz
Beliebtes Ausflugsziel für Radfahrer 127
52 **Bockenheim** • Ökohaus am Westbahnhof
Seiner Zeit weit voraus 129
53 **Fechenheim** • Rundweg Fechenheimer Mainbogen
Auenlandschaft im alten Fischerdorf 131
54 **Seckbach** • Lohrberg
Paradies für Kinder mit Weitblick 133
55 **Oberrad** • Goetheturm mit Waldspielplatz
Über dem Waldboden schwebend 135
56 **Riederwald** • Abenteuerspielplatz Riederwald
Wo die wilden Kerle toben 137
57 **Sachsenhausen** • StadtWaldHaus
Was wissen Sie über unseren Wald? 139

FLUSS UND SEE

58 **Bahnhofsviertel/Sachsenhausen** • Holbeinsteg
Die Schwingung der Stadt spüren 143
59 **Nordend** • Holzhausenschlösschen
Charmantes Kleinod am Wasser 145
60 **Altstadt/Sachsenhausen** • Eiserner Steg
Treffpunkt und Party-Location 147
61 **Main** • Mainschifffahrt ab Mainkai
Die alternative Stadtrundfahrt 149
62 **Niederrad** • Licht- und Luftbad
Eines der schönsten Freizeitgebiete 151
63 **Nied** • Anglerheim Nied
Anglerlatein bei einem Froschkonzert 153
64 **Sachsenhausen** • Walther-von-Cronberg-Platz
Florenz in Frankfurt 155
65 **Ostend** • Schwedlersee
Oase in der Großstadt 157
66 **Ostend** • Hafenpark
Vier Hektar Spaß! 159

67 **Oberrad** • Rudererdorf Oberrad
Vier Ruderclubs, Boot an Boot 161

68 **Oberrad** • Gerbermühle
Goethes späte Liebe 163

69 **Sachsenhausen** • Jacobiweiher
Vierwaldstättersee in Miniatur 165

BANKGEHEIMNISSE

70 **Altstadt** • Das Geheimnis des toten Königs im Dom
Ein tragischer Regent 169

71 **Altstadt** • Das Geheimnis der Staufenmauer
Das Verschwinden der alten Dame 171

72 **Sachsenhausen** • Das Geheimnis um die Villa Mumm
Die nie gesendete Radioaufnahme 173

73 **Altstadt** • Das Geheimnis rund um die Kunsthalle Schirn
Rätsel der Frankfurter Würstchen 175

74 **Altstadt/Bahnhofsviertel** • Das Geheimnis der Judengasse
Die Einst reichste Familie der Stadt 177

75 **Ostend** • Das Geheimnis des Frankfurter Zoos
Meisterstück in dunkler Nacht 179

76 **Innenstadt** • Das Geheimnis der Stiftstraße 36
Der Fall Rosemarie Nitribitt 181

77 **Westend** • Das Geheimnis des uralten Hundes am Senckenberginstitut
Warum in die Ferne schweifen? 183

78 **Sachsenhausen** • Das Geheimnis der Liebieghaus Skulpturensammlung
Ariadnes Geschichte 185

79 **Altstadt** • Das Geheimnis um das Philipp-Reis-Denkmals
Die seltsame Apparatur 187

80 **Altstadt** • Das Geheimnis des Hauses Wertheym
Das älteste Wohnhaus der Innenstadt 189

DIE KLEINSTE METROPOLE DER WELT

Los geht's!

»Frankfurt steckt voller Merkwürdigkeiten.« Das wusste schon Goethe über seine Heimat zu berichten. Doch ist das heute noch so aktuell wie vor 200 Jahren? Begeben Sie sich auf eine Reise durch das heutige Frankfurt und erfahren Sie mehr. Wir begleiten Sie mit Geschichten und Anekdoten, teils selbst erlebt, teils aus der über 1.200-jährigen Geschichte überliefert, und laden Sie ein, die Schönheit und Besonderheit unserer Stadt zu entdecken.

Die Stadt vollständig zu beschreiben ist unmöglich. Dazu ist Frankfurt zu vielseitig und voller Gegensätze. Aber gerade dieser Kontrast macht den besonderen Charme aus. Dies wollen wir Ihnen an vielen Details näherbringen, die Sie vielleicht so in der Stadt nicht vermuten würden.

Außer unseren Lieblingsplätzen gibt es unzählige Geheimnisse über Frankfurt zu erzählen. Da ein Geheimnis entdeckt werden will, haben wir zu jedem der 11 ausgewählten eine Bank gesucht, auf der Sie sich in Ruhe Ihre eigenen Gedanken machen können. Als Bank verstehen wir in diesem Kontext eine Sitzgelegenheit im weiteren Sinne, die wir teils amüsant, teils hinweisgebend ins Bild gebracht haben.

Auf unsere Hochhäuser sind wir Frankfurter stolz. Besonders vom Mainufer aus, mit Dom und anderen Kirchen im Vordergrund, bietet sich ein spektakulärer Anblick. Solch eine Skyline aus acht Jahrhunderten ist wohl einmalig auf der Welt. Zwei der Türme können Sie besteigen und den Frankfurtern auf den Kopf schauen. Wir verraten Ihnen welche. Abseits der Hochhäuser zeigen wir Ihnen beschauliche Orte mit der Gemütlichkeit eines Dorfes, alte Fachwerkhäuser, pittoreske Gassen und historische Apfelweinschenken.

Frankfurt ist unglaublich grün. Wir werden Ihnen von tropischen Palmen am Main und Dünen im Grüngürtel erzählen. Von idyllischen Flussauen, Parks und einem Weinberg mit grandioser Aussicht. Überhaupt finden wir unseren Grüngürtel fabelhaft, der auf einer Fläche von 80 Quadratkilometern den Stadtkern umgibt. Er ist einer der größten innerstädtischen Grünräume weltweit. Von der UN wurde er als Vorzeigeprojekt nachhaltiger Stadtentwicklung ausgezeichnet. Mit diesem und dem im Buch beschriebenen Anlagenring, dem Mainufer und den Parks zeigen wir Ihnen Natur, die in Frankfurt nie weit ist und zu jeder Jahreszeit zu einem Spaziergang einlädt.

Mit der Börse und seinen Banken zählt Frankfurt zu den führenden Finanzzentren. Das schon seit Jahrhunderten. Ein Geheimnis dazu erwartet Sie im Buch. Aber Frankfurt ist nicht nur eine Stadt zum Arbeiten. Mit der höchsten Museumsdichte und den höchsten Pro-Kopf-Kulturausgaben in Deutschland ist Frankfurt auch eine Stadt der Kultur und Feste. Besuchen Sie mit uns einige der Museen, die in der Gesamtheit die zweithöchsten Besucherzahlen der Republik aufweisen.

So abwechslungsreich wie die Stadt zeigt sich auch die Herkunft und Sicht der Autoren. Der eine, in Frankfurt geboren und mit Familie im Trubel der Innenstadt zu Hause, könnte sich keinen besseren Ort zum Leben vorstellen. Der andere, vor den Toren der Stadt beheimatet, hat seine Begeisterung für Frankfurt während des Schreibens noch ausbauen können. Dies führt zu unterschiedlichen Erzählweisen, lebhaft und spannend. Das Buch richtet sich nicht nur an Einheimische, die sich in manchen Plätzen wiederfinden werden und dazu ihre eigene Geschichte erzählen können. Ebenso »Eingeplackte«, wie Zugezogene in Frankfurt liebevoll bezeichnet werden, sind angesprochen. Denn zum Heimischwerden gehört das Kennenlernen. Aber auch Besuchern möchten wir die Stadt so näherbringen, als würden sie von einem Freund oder guten Bekannten geführt werden. Es freut uns, wenn Sie eine Vielzahl neuer und unbekannter Eindrücke aus unserem liebenswerten Frankfurt für sich gewinnen.

Beenden möchten wir die Einleitung mit Zeilen des Frankfurter Schriftstellers Friedrich Stoltze, denen Sie vielleicht nach dem Lesen des Buches zustimmen werden: »Un wann se bei uns sich amesiern, dann werrd se der Abschied doppelt rihrn un gewe merr recht un stimme mit ei: wie kann nor e Mensch net von Frankfort sei!«

Bernd Köstering und Ralf Thee

FRÜHER UND HEUTE

1

Alte Oper
Opernplatz 1
60313 Frankfurt am Main
069 13400
www.alteoper.de

Restaurant Operá
Opernplatz 1
60313 Frankfurt am Main
069 58804330

Dem Wahren, Schönen, Guten

Alte Oper

Es ist kaum möglich, von der Alten Oper zu schwärmen, ohne den vor ihr liegenden Opernplatz mit einzubeziehen. In den vollen Genuss dieses Ensembles kommen Sie an einem lauen Sommerabend, wenn die Außenfassade von Scheinwerfern in Szene gesetzt wird, die umliegenden Hochhäuser beleuchtet sind und der Lucae-Brunnen seine weiten Fontänen sprüht. Dann können Sie eintauchen in das urbane Leben Frankfurts.

Das Gebäude wurde von Richard Lucae entworfen und 1880 am heutigen Standort eingeweiht. 1944 wurde es fast vollkommen zerstört und 1981 – neu aufgebaut – zum zweiten Mal der Öffentlichkeit übergeben. Heute ist die Alte Oper ein Konzert- und Veranstaltungshaus von großer Bandbreite, nur dem verpflichtet, was die Inschrift über dem Eingang besagt: dem Wahren, Schönen, Guten. Sie können klassische Konzerte ebenso genießen wie Jazz, Soul, Schlager, Comedy und Theaterstücke. Lediglich Rocker und Rapper sind nicht im Programm zu finden. Und: Die großen Opernaufführungen sind den Städtischen Bühnen am Willy-Brandt-Platz vorbehalten.

Wenn Sie das Gebäude durch den Haupteingang betreten, werden Sie schnell feststellen, dass das Äußere mehr historisches Flair aufweist als das Innere. Dort gibt es kaum noch historisch restaurierte Gebäudeteile, außer dem Vestibül mit seiner beeindruckenden Kastendecke und dem Alten Foyer, in dem sich heute das Restaurant Opéra befindet. Im großen Saal wurde viel Wert auf die Akustik gelegt, sodass er in diesem Punkt deutlich besser abschneidet als seine große Schwester, die Festhalle. Nach einem Konzert bietet sich das Café Rosso oder eines der zahlreichen Restaurants in der »Fressgass« an. Auf keinen Fall fehlen sollte ein Rundgang über den Opernplatz mit einer Rast auf dem Rand des Lucae-Brunnens: Halten Sie inne und nehmen Sie die Stimmung dieses Ortes in sich auf.

Restaurant Opéra: Hervorragender Sonntagsbrunch im historischen Ambiente des Alten Foyers oder auf dem Balkon mit Blick über den Opernplatz.

2

Frankfurter Goethe-Haus
Freies Deutsches Hochstift
Großer Hirsch-
graben 23–25
60311 Frankfurt am Main
069 138800
www.goethehaus-
frankfurt.de

PILGERSTÄTTE DER LITERATUR

Goethe-Haus

Fast glaubt man den Hauch von Weltliteratur zu spüren, der dieses Haus durchweht. Es hat eine wechselvolle Geschichte hinter sich. 1944 wurde Goethes Elternhaus weitgehend zerstört, nach dem Krieg war es das erste historische Gebäude in Frankfurt, das wiederaufgebaut wurde. Goethe wohnte hier mit Unterbrechungen von 1749 bis zu seiner Übersiedlung nach Weimar 1775. Im sogenannten Dichterzimmer brachte er während seiner frühen Schaffensphase wichtige Werke zu Papier: Den Götz, den Werther, den Clavigo und den Urfaust. Damit begründete Goethe seinen Weltruf als Schriftsteller. Der Götz hat ihn bekannt, der Werther sogar berühmt gemacht – so berühmt, dass Goethes Elternhaus nach seiner Rückkehr aus Wetzlar zu einer Art Pilgerstätte wurde.

Das Goethe-Haus ist eines der meistbesuchten historischen Gebäude in Frankfurt. Doch Sie brauchen keine Bedenken zu haben, in dem weitläufigen Haus verteilen sich die Besucher ebenso gut wie in Goethes Wohnhaus in Weimar. Auch sonst findet man einige Parallelen zwischen beiden Bauten: Die große Eingangstreppe in Weimar, die Goethe nachträglich einbauen ließ, wird oft den Eindrücken seiner Italienreise zugeschrieben. Mag sein, doch wenn man vor der imposanten Treppe in seinem Elternhaus steht, sind auch Frankfurter Einflüsse nicht von der Hand zu weisen.

Als Goethes Mutter das Haus verkaufte, erzielte sie für den üppigen Weinkeller mehr Einnahmen als für das Gebäude selbst. Der Keller kann heute nicht mehr besichtigt werden. Dafür aber die Küche mit der großen Schwengelpumpe, die den täglichen Gang zum Brunnen ersparte, sowie die hölzerne Wäschepresse, bei 144 Garnituren Bettwäsche sicher eine sinnvolle Anschaffung. Interessant auch das Puppentheater des kleinen Johann Wolfgang, ein Geschenk seiner Großmutter, mit dem sie ihm sehr früh einen kreativen Zugang zur Theaterbühne verschaffte.

Beachten Sie die imposante astronomische Uhr in der zweiten Etage, die mit der Anzeige von Sonnenstand und Mondphase bereits den jungen Goethe faszinierte.

8

Römer
Römerberg 23
60311 Frankfurt am Main
069 21240000
www.frankfurt.de

Städtisches Weingut
Limpurgergasse 2
60311 Frankfurt am Main
069 21233680
www.frankfurt.de

FRANKFURTS »GUDD STUBB«

Römer

Der Römer ist das Herz der Stadt. Er ist eigentlich nur Rathaus und doch so vieles mehr. Im Jahre 1405 erwarb die Stadt das Haus *Zum Römer* und machte es zum Ursprung ihres heutigen Rathauses. Dabei trägt nur das mittlere der drei Häuser mit dem Treppengiebel den Namen. Vermutlich ist es nach Händlern aus Rom benannt, die zu Messezeiten hier ihre Waren feilboten. Heute bezeichnet man den ganzen Rathauskomplex inklusive des davor liegenden Platzes als Römer.

Hier pulsiert das Leben. Einst waren es die Feierlichkeiten der Königswahlen. Heute ist das jährliche Highlight der Weihnachtsmarkt. Schon im 14. Jahrhundert urkundlich erwähnt, zählt er zu den größten und schönsten in Deutschland. Ableger davon finden sich sogar in England. Auf dem *Frankfurt Christmas Market* in Birmingham trinkt man den Glühwein aus Originalbechern vom Main mit dem Aufdruck *Frankfurter Weihnachtsmarkt*: mit rund 5,5 Millionen Gästen 2014 der größte Weihnachtsmarkt Europas.

Ein Besuch des Römers lohnt aber zu jeder Jahreszeit. Nehmen Sie Platz und genießen Sie den Römerberg mit seinen hübschen Gebäuden. Touristengruppen schauen sich staunend um und machen unzählige Fotos, Berufstätige huschen vorüber und aus dem Standesamt im Römer kommen frisch Vermählte die alte steinerne Treppe herunter. Laufen Sie auch einmal um den Komplex herum und in seine Innenhöfe hinein. Es gibt einiges zu entdecken.

Die Fassade »spricht« regelrecht. Katzenfiguren erinnern an eine Mäuseplage, das Original *Kannix* vom Mundartdichter Stoltze grüßt vom Torbogen und den augenzwinkernde Sinnspruch »Geht dir Rat aus, geh aufs Rathaus« gilt es zu entdecken. Sie brauchen noch ein besonderes Mitbringsel aus Frankfurt? Wie wäre es mit einer Flasche Wein vom Lohrberg? Links ums Eck finden Sie diese. Die Aquarellzeichnung des alten Frankfurts auf dem Etikett macht sogar das Geschenkpapier überflüssig.

Im Erdgeschoss des Römers finden Sie die Bürgerberatung. Hier erhalten Sie Auskunft rund um die Stadt und kostenlose Broschüren zu Sehenswürdigkeiten.

4

Dom St. Bartholomäus
Domplatz 1
60311 Frankfurt am Main
069 2970320
www.dom-frankfurt.de

DER DOM, DER EIGENTLICH KEINER IST

Dom St. Bartholomäus

Den Frankfurter Dom sollten Sie nicht verpassen. Hier wurden Kaiser und Könige gewählt und auch gekrönt. Dabei war der Dom niemals Bischofskirche. Den Titel Kaiserdom trägt die gotische Pfarrkirche St. Bartholomäus ehrenhalber, wegen ihrer bedeutenden Geschichte. Wenn Sie den Dom betreten, imponiert die Architektur. Die Größe und Deckenhöhe lässt den Besucher winzig erscheinen, man ist beeindruckt. Gleiches gilt für die Ausstattung. Die roten Sandsteinblöcke der Säulen und Wände verwandeln sich jedoch beim Nähertreten in rote Farbe mit weiß aufgemalten Fugen. Diesen Trick nutzte man schon im Mittelalter, um optisch perfekte Sandsteinquader zu imitieren. Schauen Sie aber nicht nur nach oben. Im Boden finden Sie die Umrisse einer ehemaligen Kapelle aus dem 7. Jahrhundert mit dem Grabmal eines adeligen Mädchens.

Sie werden erkennen, dass der Dom in etwa so breit wie lang ist. Dies ist den Zeremonien der Königswahlen geschuldet: Durch das Querhaus verließ der Regent den Dom. Einst war dies auch in der Wandbemalung erkennbar. Vor der Orgel sehen Sie davon noch Reste. Entlang dieser Wand liegt die Christi-Grab-Kapelle. Schreiten Sie durch die kleine Tür an der Rückwand und atmen Sie Geschichte. In diesem unscheinbaren Raum, der früher die Bibliothek des Doms beherbergte, wurden Kaiser und Könige gewählt. Links vom Hochaltar können Sie auf Ihrem Weg nach draußen den Maria-Schlaf-Altar bestaunen. Die umgebenden Wände und Fenster der Kapelle überlebten als einzige das 20. Jahrhundert schadlos. Der Altar, aus Sandstein gefertigt, konnte wegen seines Gewichts in Kriegszeiten nicht in Sicherheit gebracht werden. Man mauerte die Kapelle kurzerhand ein, und rettete so die Ausstattung vor Bombentreffern.

Verlassen Sie den Dom wie ein König, durch das Nordportal. Diesen Weg nahmen die frisch gewählten und gekrönten Deutschen Könige.

Wenn Sie den 96 Meter hohen Turm bestiegen haben, raubt Ihnen nicht nur der Ausblick den Atem. Auch die über 300 Stufen nach oben tragen dazu bei.

DIE ZEREMONIE WAR DIE KRÖNUNG

Kaiser und Könige in Frankfurt

Frankfurts erster Auftritt war königlich. 794 unterzeichnete Karl der Große hier eine Urkunde. Dies ist das älteste Dokument, das auf Frankfurt als Ort hinweist. Karl hielt sich oft und gerne hier auf. In der Zeit der fränkischen Herrscher und lange danach hatten Könige keine feste Residenz. Sie zogen durch das Land und besuchten ihre königlichen Pfalzen. Frankfurt war eine davon – und eine viel besuchte unter den Karolingern. Als Karls Enkel das Reich 843 im Vertrag von Verdun aufteilten, erhielt Ludwig der Deutsche den Ostteil, Ursprung des späteren Heiligen Römischen Reiches Deutscher Nation. Er machte Frankfurt zu seinem Hauptsitz. Damit erhielt die Stadt den Charakter einer ersten Hauptstadt im neuen Reich. Seinem Bruder Karl dem Kahlen wurde der Westteil, das spätere Frankreich, zugesprochen. Karl der Kahle, sozusagen der erste französische König, war ein waschechter Frankfurter Bub. Er erblickte am 13. Juni 823 in Frankfurt das Licht der Welt. Ein wirklicher Exportschlager, lange vor Goethe. Unter den folgenden Herrschern wurde es ab 911 etwas stiller um Frankfurt. Einige Reichstage wurden abgehalten und Kaiser schauten gelegentlich vorbei.

Dies änderte sich schlagartig im Jahre 1138. Mit Konrad III. bestieg der erste Staufer den Thron. Die Staufer ließen sich in Frankfurt eine neue Pfalz bauen und verhalfen der Stadt zu einer neuen Blüte. Die ältesten erhaltenen Bauwerke Frankfurts stammen aus dieser Zeit. 1152 wurde Barbarossa in der Nikolaikirche zum König gewählt. Es ist die erste amtlich dokumentierte Königswahl in Frankfurt. Unsichere Quellen datieren das Jahr der ersten Königswahl in Frankfurt sogar auf 855. Mit Barbarossa wurde Frankfurt traditioneller Ort der Königswahl. Da dies zunächst nur auf Gewohnheitsrecht basierte, führte das Fehlen einer klaren Regelung oft zu einer Herrschaft von zwei Königen – von 1200 bis etwa 1350 in mehr als der Hälfte der Zeit. Einer von ihnen war Ludwig der Bayer, der 1314 in Frankfurt gewählt wurde. Auf der anderen Mainseite wurde gleichzeitig Friedrich der Schöne von einer Gegenpartei ebenfalls zum König ernannt. Acht Jahre dauerte die Fehde zwischen den beiden, bis Ludwig 1322 Friedrich in einer Schlacht besiegte. Doch Ludwigs Herrschaft wurde vom Papst nicht anerkannt, die kaiserliche Würde ihm so versagt. Kurzerhand marschierte Ludwig nach Italien und ließ sich vom Volk von Rom zum Kaiser wählen. Dies brach die Vorherrschaft des Papstes, der Ludwig mit einem Kirchenbann belegte. Frankfurt hielt in all den Jahren stets zu Ludwig und wurde dafür reich beschenkt. Das Recht eine zweite Handelsmesse abzuhalten, die Erweiterung der Stadtgrenze und auch das Eigentum über den Stadtwald stammen aus der Zeit und führten zu großem Reichtum.

Nach Ludwigs Tod 1347 wurde Günther von Schwarzburg für kurze Zeit dessen Nachfolger, ehe Karl IV. alleiniger Regent wurde. Unter seiner Herrschaft entstand 1356 die Goldene Bulle, das erste »Grundgesetz« des Reiches. In ihm wurden das Gewohnheitsrecht der Königswahl zum Gesetz, die Bartholomäuskirche zwingend als Wahlort festgelegt. Kein Herrscher konnte sich von da an König nennen, der sich nicht in Frankfurt hatte wählen lassen. Dies bescherte der Stadt erneut den Charakter einer Hauptstadt. Ab 1562 wurden zudem die meisten Kaiser in Frankfurt auch gekrönt. Goethe berichtet beeindruckt in *Dichtung und Wahrheit* von der Krönung Josephs II. im Jahre 1764, deren Augenzeuge er war. Der letzte Kaiser, der sich im Frankfurter Dom die Krone aufsetzen ließ, war 1792 Franz II., der unter Napoleons Druck 1806 die Krone niederlegte.

Auch heute noch treffen Sie an vielen Stellen der Stadt auf Zeichen der kaiserlichen Vergangenheit. Kommen Sie mit dem Zug an, finden Sie im Bahnhofsviertel die Karls-, Otto-, Ludwig- und Rudolfstraße, allesamt nach früheren Kaisern benannt. Aber auch in der modernen Architektur der Skyline wird diese Vergangenheit für den Kenner sichtbar. Das 208 Meter hohe Bürogebäude Westend 1 wird wegen seines auskragenden Abschlusses auch als »Kronenhochhaus« bezeichnet. Die elf Zacken auf dem Dach, die in Form einer Krone an die New Yorker Freiheitsstatue erinnern, zeigen auf die Frankfurter Altstadt und somit auf den Ort der früheren Kaiserwahlen und -krönungen.

5

Neue Altstadt
Rund um den Hühnermarkt
60311 Frankfurt am Main
www.domroemer.de

Haus zur goldenen Waage
Markt 5
60311 Frankfurt am Main

RUND UM DEN HÜHNERMARKT

Neue Altstadt

Der Begriff »Neue Altstadt« mag zunächst ungewöhnlich klingen, fast wie das Paradoxon »schwarzer Schimmel«, ist aber in Frankfurt sinnvoll und wird von den Einheimischen in der Alltagssprache auch so genutzt. Das Technische Rathaus in der Braubachstraße, eine Bausünde aus den 1970er-Jahren, wurde 2010 abgerissen, um an dessen Stelle die einstige Altstadt aus der Zeit vor dem Zweiten Weltkrieg wieder zu errichten.

Das Viertel zwischen Dom und Römer wurde 2018 eingeweiht und besteht aus 20 Neubauten und 15 Rekonstruktionen. Letztere sollten möglichst originalgetreu gestaltet werden, was angesichts der heutigen Baurichtlinien und Brandschutzauflagen nur eingeschränkt möglich war. Puristen der historischen Architektur bezeichnen diese Bauweise als »zu weit entfernt vom Original« und werfen das Wort »Filmkulisse« in den Raum. Andere Menschen – und diese sind angesichts der Besucherzahlen eindeutig in der Mehrheit – erfreuen sich an den prachtvoll rekonstruierten Gebäuden, allen voran an der sehenswerten Fassade des Hauses zur goldenen Waage. Es wurden alte Handwerkstechniken eingesetzt, die nur noch von wenigen Betrieben ausgeführt werden können. Dabei konnten einige sogenannte Spolien integriert werden – Originalteile aus der ehemaligen Altstadt, die das Bombardement im März 1944 überstanden hatten und an verschiedenen Orten eingelagert waren.

Das Foto zeigt einen Blick aus dem zweiten Stockwerk des Struwwelpetermuseums auf den zentralen Hühnermarkt. Genau diese Aussicht genoss in den 1750er-Jahren Goethes Tante Melber, der das Originalhaus an gleicher Stelle gehörte. Die Familie Goethe lebte hier fast zwei Jahre, während ihr eigenes Haus im Großen Hirschgraben umgebaut wurde. Im Zentrum des Hühnermarkts sieht man den berühmten Stoltze-Brunnen, oben im Bild quer den Krönungsweg.

Mehr als 30 Läden, Cafés und Restaurants rund um den Hühnermarkt bieten mannigfaltige Möglichkeiten zum Genießen, Stöbern und Ausruhen.

6

Karmeliterkloster
Institut für Stadtgeschichte
Münzgasse 9
60311 Frankfurt am Main
069 212384 25
www.stadtgeschichte-ffm.de

Archäologisches Museum Frankfurt
Karmelitergasse 1
60311 Frankfurt am Main
069 21235896
www.archaeologisches-museum.frankfurt.de

Unbekanntes Kleinod in der Altstadt

Karmeliterkloster

Sie suchen nach einem hektischen Tag ein ruhiges, aber besonderes Plätzchen in der Altstadt? Oder wollen Sie einfach der Witterung entfliehen und nebenbei einen der größten Frankfurter Kunstschätze entdecken? Dann finden Sie im Karmeliterkloster, ganz in der Nähe des Römerbergs, genau das, was Sie suchen.

Mit dem Bau der heute leider wenig beachteten Klosteranlage wurde um 1250 begonnen. Das spätgotische Klostergebäude folgte in den Jahren 1460–1520. Schon beim Betreten des Kreuzgangs spüren Sie die Stille und Ruhe. Balsam für Ihre Ohren. Dabei gibt es viel zu erzählen. Die Wandbilder von Jörg Rathgeb, hier und im Refektorium im Nordtrakt, sind die größten nördlich der Alpen und zählen zu den großen Kunstschätzen der Stadt. Die spätmittelalterlichen Malereien entstanden im frühen 16. Jahrhundert und zeigen Zyklen der Ordens- und Heilsgeschichte. Die ruhige Stätte, als die sich das Kloster seinen Besuchern meistens präsentiert, war und ist es nicht immer. Einst diente es der Stadt als Warenlager, im 19. Jahrhundert zeitweise als Kaserne.

Im obersten Stock befindet sich das Archiv der Stadt mit Beständen, die ins 9. Jahrhundert zurückreichen. Wenn Sie Fragen zu Frankfurt haben, die nicht in diesem Buch beantwortet werden, können Sie hier recherchieren. Besuchen Sie aber zuerst das durch eine Tür im südlichen Kreuzgang erreichbare Archäologische Museum. Auf so manche Frage findet sich hier vielleicht eine Antwort. Für lautere Unterhaltung sorgen Klosterkonzerte im Kreuzgang und das satirische Theater *Die Schmiere* im Keller. Als das Kloster 1803 im Zuge der Säkularisierung in den Besitz der Stadt kam, hatte es noch einen weiteren Schatz dabei. Die Weinberge des Klosters in Hochheim am Main bildeten den Grundstock des heutigen Weinguts der Stadt. Mit fast 25 Hektar Rebfläche ist es eines der größten des Rheingaus.

Ein weiteres unbekanntes Kleinod der Altstadt ist St. Leonhard. Die Kirche aus dem Jahre 1219 liegt nur ein paar Meter weiter südlich Am Leonhardstor 25.

7

Eschenheimer Turm

Eschenheimer Café Bar
Eschenheimer Tor 1
60318 Frankfurt am Main
069 292244
www.eschenheimer.de

Fleming's Selection Hotel
Frankfurt-City
Eschenheimer Tor 2
60318 Frankfurt am Main
069 4272320
www.flemings-hotels.com

EIN WÜRDIGES WAHRZEICHEN DER STADT

Eschenheimer Turm

Wir Frankfurter lieben diesen Turm. Er steht einfach da und bezaubert. Betrachtet man ihn von Norden, mit dem neobarocken Wohnhaus von 1890 dahinter, fragt man sich, wie er wohl um das Jahr 1900 wirkte. Ein Jahrhundert des Um- und Abbruchs hatte die Stadt gerade hinter sich gebracht. Aus dem Schutzwall um die Stadt waren Gärten und Promenaden entstanden. Knapp 60 Türme der Befestigungsanlage, zu der auch der Wachturm gehörte, hatten weichen müssen, um auch Platz für neue Wohnviertel zu schaffen. Alles war großzügiger geworden. Wer es sich leisten konnte, war aus der beengten Altstadt ausgezogen. Drei Mal hatte der Eschenheimer Turm im 19. Jahrhundert abgerissen werden sollen. Einmal war es der französische Botschafter Hédouville, der im letzten Moment interveniert hatte.

Da stand er nun. Seiner Funktion beraubt. Irgendwie dem Neuen im Wege. So wuchs die Stadt um ihn herum und er in sie hinein. Der Turm, damals schon ein Monument, überragte mit seinen 47 Metern und rund 470 Jahren alle umgebenden Gebäude deutlich. Aber auch außerhalb seiner bis zu 2,50 Meter mächtigen Mauern war hier die Zeitenwende zu sehen. Östlich des Turms warteten, wie zu alten Zeiten, die Pferdedroschken mit ihren Kutschern in roten Westen und schwarzen Hüten unter den Platanen. Zwei der Bäume stehen heute noch dort. Hochmodern ging es nördlich des Turms zu. Von hier fuhren ab 1888 Dampfwagen der Frankfurter Lokalbahn ins nahe Eschersheim. Wegen der holprigen Strecke, die einen kräftig durchschüttelte, liebevoll »Knochemiehl« genannt.

Aber nicht nur in Frankfurt fand der Turm seine Freunde. Auch in Potsdam kann man ihn bewundern. Im Park Babelsberg wurde er um 1850 unter dem Namen Flawoturm nachgebaut. Die Frankfurter Biermarke Henninger trägt ihn als Wahrzeichen. Auf dem Etikett der Flaschen reist er um die Welt. Heute befindet sich eine Bar in der untersten Etage.

Einen sagenhaften Blick auf den Eschenheimer Turm haben Sie von der Terrasse des *Fleming's Hotel*. Das Foto entstand aus dem Treppenhaus.

8

I.G.-Farben-Haus
Campus Westend
Norbert-Wollheim-Platz 1
60323 Frankfurt am Main
069 7980
www.uni-frankfurt.de

DÜSTERE GESCHICHTE MIT HAPPY END

Altes I.G.-Farben-Haus auf dem Campus Westend

Kein Gebäude in Frankfurt erlebte die wechselvolle Geschichte des 20. Jahrhunderts so nah wie das I.G.-Farben-Haus. Und diese Geschichte beginnt in den 20er-Jahren. Durch den Zusammenschluss deutscher Unternehmen entstand 1925 der größte Chemiekonzern der Welt, die I.G. Farben. Entsprechend repräsentativ musste der neue Firmensitz werden, den der Architekt Hans Poelzig von 1928 bis 1931 errichtete. In der NS-Zeit vertrieb die I.G. Farben Zyklon B, das in Auschwitz zur Ermordung eingesetzt wurde.

Nach der Zerschlagung des Unternehmens durch die Alliierten wurde der Firmensitz das Hauptquartier der US-Streitkräfte unter General Eisenhower. Die Hessische Verfassung wurde hier unterzeichnet und die Einführung der DM verkündet. Als bald nach der Wiedervereinigung Gerüchte über einen Rückzug der US-Streitkräfte aufkamen, entbrannte eine lebhafte Diskussion über die weitere Nutzung. Die neue Europäische Zentralbank sollte einziehen, lehnte dies aufgrund der Vergangenheit der I.G. Farben jedoch ab. Am Ende fiel die Entscheidung auf die Frankfurter Uni, die 2001 offiziell einzog. So wurde das I.G.-Farben-Haus Mittelpunkt eines Campus mit großzügigem Park voller Kunstwerke und Wasserspiele. Für viele der schönste Campus Deutschlands. Das Gebäude selbst beeindruckt durch seine monumentale Größe, die durch die leichte Anhöhe und Freifläche davor noch imposanter erscheint. Die helle Travertinfassade gibt einen Hauch an Leichtigkeit zurück. Im Inneren gefallen Marmorverkleidungen, edle Holzvertäfelungen, der kupferverkleidete Eingang und kunstvolle architektonische Details. Machen Sie eine Pause im Café in der Rotunde. Genießen Sie den Blick auf das Wasserbecken hinter dem Gebäude. Die Nymphe am Beckenrand wurde einst entfernt – auf Wunsch von Eisenhowers Frau. Von diesem obszönen Anblick sollte ihr Gatte »verschont« bleiben.

Fahren Sie mit einem der Paternoster (!) in die oberen Etagen und besuchen Sie die Dauerausstellung zur Geschichte des Gebäudes und des Areals.

9

Senckenberg Forschungsinstitut und Naturmuseum
Senckenberganlage 25
60325 Frankfurt am Main
069 75420
www.museumfrankfurt.senckenberg.de

SCHON EINEM ELEFANTEN BEGEGNET?

Senckenberg-Naturmuseum

Biodiversität und Evolution sind die beiden großen Themen des Senckenberg Naturmuseums. Am interessantesten, besonders für Kinder, sind zweifellos die Dinosaurier. Gleich im ersten großen Saal begegnen uns zwei der größten ihrer Gattung: Diplodocus Longus, der bis zu 40 Meter lange Pflanzenfresser mit dem massigen Körper und dem kleinen Kopf, und der aus Filmen bekannte Tyrannosaurus Rex, der fleischfressende König seiner Gattung. Innen im Saal der Dinosaurier begegnen uns die beiden wieder. Die Nachbildungen ihrer Skelette wirken beeindruckend, besonders wenn man direkt darunter steht. Auch einige Originale bietet das Museum: Der Schnabel-Dino (Edmontosaurus), sehr schön präsentiert in einer Glasvitrine zwischen zwei Stockwerken, die Rippe eines Brachiosaurus, die man sogar anfassen darf, und Teile eines Flachechsen-Skeletts (Plateosaurus), die ältesten Knochen im Museum. Auch im Saal der Wale und Elefanten werden die Riesen des Tierreichs präsentiert. Wer hat schon einmal einem afrikanischen Elefanten gegenübergestanden? Wir kamen uns dabei ziemlich klein vor. Ebenfalls imposant: die Anakonda, die ihren Kiefer aushängt, um ein für ihre Verhältnisse riesiges Warzenschwein zu verschlingen.

In den beiden oberen Stockwerken finden wir zahlreiche Nachbildungen bekannter und unbekannter Tierarten: Gorilla, Löwe, Bison, Känguru, Elch und Pinguin, viele exotische Vogelarten bis hin zu Strauß und Emu – alles sehr detailgetreu und in Originalgröße. Das Resümee: Wir haben gelernt, Größenverhältnisse einzuschätzen. Die Löwen erschienen uns kleiner als erwartet, der Alaska-Elch größer. Zum wiederholten Mal haben wir gestaunt über die Dimension eines Straußeneis im Vergleich zum Hühnerei. Es ist gut, sich selbst und die Natur immer wieder ins richtige Verhältnis zu rücken.

Die Museumspädagogik bietet Führungen für Kinder und Jugendliche in vier Altersgruppen an. Lehrkräfte können sich über die Website des Museums zu einem Newsletter *Lernort Museum* anmelden.

10

Liebieghaus Skulpturensammlung
Schaumainkai 71
60596 Frankfurt am Main
069 605098200
www.liebieghaus.de

AUSSEN UND INNEN KUNSTWERK

Liebieghaus Skulpturensammlung

Man kann sicher nicht behaupten, dass wir beide Experten und Liebhaber alter Skulpturen sind. Dennoch ist das Liebieghaus mit seiner Skulpturensammlung einer unserer Lieblingsorte. Und dies hat drei Gründe: Erstens fasziniert uns das dreidimensionale Vorstellungsvermögen eines Bildhauers, zweitens ist die schlossähnliche Villa, in der ein Teil der Skulpturen untergebracht ist, ein exklusives Exponat für sich, und drittens befindet sich im Innenhof eines der schönsten Cafés Frankfurts.

Für normale Menschen wie uns ist es nahezu unverständlich, dass ein Künstler dreidimensionale Gebilde originalgetreu und maßstabsgerecht aus einem Steinquader hauen oder aus einem Stück Holz schnitzen kann. Beeindruckend auch die Materialien: Von Granit über Marmor, Alabaster und Elfenbein bis hin zu Edelmetallen und verschiedenen Holzarten. Die bekannteste Marmor-Skulptur im Liebieghaus ist *Ariadne auf dem Panther*. Sie soll die Bezähmung der Wildheit durch die Schönheit darstellen. Johann Heinrich von Dannecker schuf sie 1803–1814. Eine Kopie aus Stein steht im Garten des Liebieghauses.

Einige Werke haben raue Oberflächen, andere ein glattes, poliertes Äußeres, das man am liebsten anfassen möchte. Doch jegliche Art von Liebesbezeugung den Exponaten gegenüber ist verboten – außer fotografieren. Beachten Sie die teilweise sehr fein herausgearbeiteten Gesichtszüge, zum Beispiel beim heiligen Augustinus, der sinnierend, fast ein wenig gelangweilt gen Himmel schaut.

Und dann das Café: ein sonniger Herbsttag, auf der Zunge zergehender Kuchen, Schlossherrlichkeit und vom Himmel fallende bunte Blätter – das ideale Ambiente um darüber nachzudenken, was der Unterschied zwischen einer Skulptur und einer Plastik ist.

Das Kursangebot ist vielfältig: Basiswissen Kunst, Zeichenkurse, Kunst und Religion oder *Art After Work*. Was interessiert Sie am meisten?

11

Städel Museum
Schaumainkai 63
60596 Frankfurt am Main
069 605098200
www.staedelmuseum.de

VON REMBRANDT BIS WARHOL

Städel Museum

Das Städel ist eines der ältesten und bekanntesten Museen Frankfurts. Das allein macht es jedoch noch nicht zu unserem Lieblingsplatz. Es imponiert einerseits durch die Vielfalt der Exponate, anderseits durch die berühmten Namen: Botticelli, Dürer, Feininger, van Gogh, Munch, Picasso, Renoir, Rembrandt und Warhol – um nur einige zu nennen.

Wenn Sie sich einen Überblick über das Museum verschaffen möchten, sollten Sie am besten im zweiten Obergeschoss beginnen und sich dann nach unten vorarbeiten, von den alten Meistern bis zur Gegenwartskunst. Das Treppenhaus vermittelt eine ganz eigene Atmosphäre: Grauer Granitboden, durchsichtige Glasbalustraden und großformatige Gemälde bilden einen interessanten Gegensatz. Die Räume im zweiten Stock werden von der realistischen Malerei dominiert, besonders von den Holländern. Jeder Raum ist in seine eigene charakteristische Farbe gekleidet. An den Wänden finden sich kurze Hinweise zu den gemeinsamen Merkmalen der Exponate oder der zugehörigen Epoche. Das trägt erheblich zum Verständnis bei. »Reflections of reality«, lautet der zu Rembrandt, Vermeer und Frans Hals passende Wandkommentar.

Im ersten Stock geht es um die Kunst der Moderne, von 1800 bis 1945. Direkt vom Treppenhaus kommend blicken Sie auf das große Gemälde von Johann Heinrich Tischbein: Goethe in der römischen Campagna – ein Beispiel für die noch gegenständlichen Porträts dieser Zeit. Bei Kirchner, Schmidt-Rottluff und Nolde, den Malern der Künstlergruppe »Die Brücke«, beginnt sich das Gegenständliche schon aufzulösen, spätestens bei Picassos *Bildnis der Fernande Olivier* ist es in kubistischen Formen verschwunden.

Gehen Sie unbedingt in das Kellergeschoss. Der unter dem Garten gelegene Anbau ist eine Attraktion für sich: Tageslichtkuppeln geben der dortigen Abteilung Gegenwartskunst ein aufregendes Ambiente.

Beachten Sie die Details des Campagna-Gemäldes: Hatte Goethe zwei linke Füße? Ist sein linkes Bein länger als das rechte? Oder ist Tischbein hier ein Fehler unterlaufen? Finden Sie es heraus!

12

Katholisches Pfarramt Liebfrauen
Schärfengäßchen 3
60311 Frankfurt am Main
069 2972960
www.liebfrauen.net

Café Liebfrauenberg
Liebfrauenberg 24
60313 Frankfurt am Main
069 287380
www.cafe-liebfrauenberg-frankfurt.de

RUHEPOL IN DER HEKTIK DER GROSSSTADT

Hof der Liebfrauenkirche

Manchmal sehnt sich der Mensch inmitten der Großstadthektik nach einer Ruhepause, vielleicht nicht nur körperlich, sondern auch mental. Wenn Ihnen also die Zeil nicht mehr als Einkaufsparadies erscheint und Ihnen all die gehetzten Menschen unwirklich vorkommen, dann biegen Sie gegenüber des Kaufhof ab in die Liebfrauenstraße. Hinter der Kreuzung mit dem Holzgraben finden Sie linkerhand vor dem Café *punctum* einen kleinen Durchgang, der in den Hof der Liebfrauenkirche führt.

Kaum dort angekommen, meint man, sich in einem anderen Universum zu befinden. Leise geht es hier zu, respektvoll und ehrfürchtig. Wohl nicht jeder wird es genauso empfinden, aber der Unterschied zur bewegten Fußgängerzone ist für jedermann spürbar. Unter großen Bäumen kann man auf Bänken ausruhen, sich sammeln. Gegenüber, unter Arkaden, befindet sich eine Freiluftkapelle, vor der sich Menschen aus aller Welt einfinden, innehalten, nachdenken und beten. Nahezu 100 Opferkerzen verbreiten eine wärmende Stimmung. Auch wenn man kein aktiv religiöser Mensch ist, werden die Gedanken zu den Verstorbenen gelenkt, zu denen, die leiden müssen, und zu denen, die gerade dabei sind, unsere Welt zu betreten. Hier finden Sie auch die soziale Seite Frankfurts: Vom Hof führt eine Tür zum Franziskustreff. Dort werden Obdachlose von Freiwilligen jeden Morgen mit Frühstück versorgt.

Im Inneren der aus dem 14. Jahrhundert stammenden Liebfrauenkirche spiegelt sich die moderne Gesinnung Frankfurts: Die deutsch-niederländische Künstlerin Hetty Krist zeigt den Leidensweg Christi in vier Bildtafeln. Ende des 20. Jahrhunderts entstanden, stellen sie auf zeitgemäße Weise klassische Kreuzwegthemen dar, zum Beispiel das Tragen von Lasten, unter denen der Mensch zusammenbricht.

Wenn Sie nach der geistigen Stärkung einen Kaffee zur körperlichen Stärkung suchen, empfehlen wir das Café Liebfrauenberg vor der Kirchensüdseite.

18

Höchster Schloss
Höchster Schlossplatz
65929 Frankfurt am Main

EIN GEFÜHLTES FREILICHTMUSEUM AM MAIN

Höchster Schloss

Vom Schiff aus betrachtet, bietet Höchst eines der schönsten Altstadtpanoramen entlang des gesamten Mains. Schon Goethe wusste dies zu schätzen und reiste mit dem Marktschiff an, um in einen der Gasthöfe des Schlossplatzes einzukehren.

Viel hat sich seitdem in der Altstadt nicht geändert. Seit 1972 steht sie unter Denkmalschutz. Insgesamt rund 250 Eintragungen finden sich in der Liste Höchster Kulturdenkmäler. Wenn Sie hier einen Tag verbracht haben, wissen Sie warum. Vom Ufer nähert man sich dem Schlossplatz durch das spätgotische Maintor aus dem 15. Jahrhundert. Um einen mit Kopfsteinpflaster gedeckten Platz mit altem Brunnen versammeln sich traditionsreiche Gasthäuser, die zum Verweilen im Freien einladen. Trotz all der schönen Bauten ist das Höchster Schloss das beherrschende Gebäude am Platz. Viele Besucher kommen im Sommer hierher, wegen der vielen Open-Air-Musik-, Theater- und Filmfestivals. Haben Sie sich im Programm vertan, dann genießen Sie einfach das Ambiente und den Blick über den Main nach Schwanheim. Nach Westen verlässt man den Platz über den Burggraben. Dieser führt an pittoresken Fachwerkhäusern vorbei. Das malerische Ambiente der Wohnhäuser, die nach dem großen Brand von 1586 gebaut wurden, wird verstärkt durch das Pflaster und die historischen Straßenlaternen. Ein verlangsamtes Gehen stellt sich unwillkürlich ein.

Richtung Osten erreicht man nach wenigen Metern die Justinuskirche. Die im Kern karolingische Basilika aus dem Jahre 830 gehört zu den drei ältesten Kirchen Deutschlands. Neben der Architektur erfreuen regelmäßig Orgelkonzerte den Besucher. Etwas weiter, am Bolongaropalast vorbei, liegt ein Park, wo die Nidda in den Main fließt.

Kaum zu glauben, dass dieser Ortsteil heute zur Stadt gehört, nachdem Höchst von Frankfurt im Jahre 1396 in einer Auseinandersetzung fast völlig zerstört wurde.

Finden Sie auf dem Schlossplatz doch einmal heraus, welches Haus *Der Karpfen* heißt. Die Dachschindeln helfen Ihnen weiter.

14

Höchster Porzellan-Manufaktur
Palleskestraße 32
65929 Frankfurt am Main
069 3009020
www.hoechster-porzellan.de

Höchster Porzellan-Museum im Kronberger Haus
Bolongarostraße 152
65929 Frankfurt am Main
069 21236712
www.historisches-museum.frankfurt.de

WEISSES GOLD

Höchster Porzellan-Manufaktur

Man sieht überraschte Gesichter, wenn man erzählt, dass Deutschlands zweitälteste Porzellanmanufaktur in unserer Stadt zu Hause ist. Frankfurt ist eben nicht nur eine Stadt der Banken, sondern hat viele Facetten. Im Jahre 1747 wurde das Handwerk zwar in Höchst und somit bis zur Eingemeindung 1928 vor den Toren der Stadt angesiedelt, aber gegründet wurde die Manufaktur von Frankfurter Kaufleuten. Die größten Abnehmer seinerzeit waren Frankfurter Bürger. Auch Goethe und seine Mutter waren Liebhaber des Höchster Porzellans. Verschiedene Porzellanwaren können Sie noch heute im Goethe-Haus bewundern (Seite 17). Mit dem berühmtesten Modellmeister des Höchster Porzellans, Johann Caspar Melchior, verband Goethe eine enge Freundschaft. Er soll sogar Pate im Hause Melchior gewesen sein.

Nach Misswirtschaft und jahrelanger Stilllegung wurde die Manufaktur nach dem Zweiten Weltkrieg wiedereröffnet. Seit 2002 hat sie nun ihren Sitz im ehemaligen Produktionsgebäude der »Maschinen- und Armaturenfabrik vorm. H. Breuer & Co.« in Höchst. Der denkmalgeschützte Bau von 1907 kann seine Verwandtschaft zur norddeutschen Backsteingotik nicht leugnen. Heute versteht man sich hier als Erlebnismanufaktur. Bei Führungen können Besucher sämtliche Werkstätten besichtigen, Modelleure, Bossiere und Porzellanmaler bei der Arbeit beobachten. Wem dies zu theoretisch ist, der kann bei Malkursen die Grundlagen der Porzellanmalerei selbst erlernen. Auch wenn das Porzellan von hier in die ganze Welt verkauft wird, ist man sich seiner lokalen Wurzeln bewusst. Im Programm befindet sich unter anderem Tischgeschirr mit den Märchenfiguren des Frankfurters Heinrich Hoffmann, dem Schöpfer des Struwwelpeters. Auch Porzellan mit Goethe und Frankfurter Motiven, und sogar die Frankfurter Grüne Soße findet sich hier auf weißem Gold verewigt.

Können Sie von Porzellan nicht genug bekommen, besuchen Sie das Porzellan-Museum in Höchst.

15

Bolongaropalast
Bolongarostraße 109
65929 Frankfurt am Main
069 21245521
www.frankfurt.de

BAROCKER PALAST DER TABAKFABRIKANTEN

Bolongaropalast

Es ist schon fast ein Witz der Geschichte, wie Frankfurt zu dem Palast in Höchst gelangte. Aber begeben wir uns zuerst auf einen Spaziergang durch den Park, bevor wir uns diesem Ereignis zuwenden. Im terrassenförmigen Schlossgarten können sie tagsüber spazieren und ausruhen. Vom Main aufsteigend, an den aus Sandstein gemeißelten Türkenmusikanten vorbei, führt eine zweiflügelige barocke Freitreppe zur großen Gartenterrasse. Der Brunnen, ein unversehrtes Stück Rokoko, passt sich harmonisch in dieses vornehme Anwesen ein. Überall stehen Bänke und laden den Besucher zum Verweilen und Träumen ein. Gerade in den frühen Abendstunden, wenn der Park menschenleer ist, fällt es leicht, sich in das feudale Leben des 18. Jahrhunderts hineinzuversetzen. Der Palast mit seinen Funktionsbauten auf der einen, auf der anderen Seite der herrliche Blick über den Main.

So manch einer der heutigen Besucher hätte diesen Prachtbau nur zu gerne bewohnt – nicht unbedingt jedoch seine Erbauer, die Familie Bolongaro. Enttäuscht über das Verhalten des Frankfurter Rates, ihnen die vollen Bürgerrechte zu verwehren, nahm man das Angebot des Kurfürsten von Mainz an und verlegte seinen Wohnsitz vor die Tore der Stadt. Mit Tabak waren die Bolongaros reich geworden und zählten zu den nobelsten Familien Frankfurts. Wohl fühlte man sich in Höchst nie. Der Erbauer starb fünf Jahre nach der Fertigstellung. Seine Nachfahren fanden es in Frankfurt kurzweiliger und waren nur selten hier. Geschäftssitz blieb bis 1910 die Töngesgasse in Frankfurt.

Napoleon nächtigte einst hier und versprühte noch einmal für einen kurzen Augenblick Glanz in dem prächtigen Palast. Dann wurde es still, bis ihn die Stadt Höchst 1908 als Rathaus kaufte. 20 Jahre später, als Höchst eingemeindet wurde, gelangte der Palast schließlich in den Besitz der Stadt Frankfurt.

Heute können sich Paare in diesem bezaubernden Ambiente das Jawort geben und der Bürgermeister von Frankfurt hat hier sogar ein Zweitbüro.

16

Berger Warte
Zwischen Vilbeler Landstraße und der Straße
Am Galgen
60389 Frankfurt am Main

Bürgerberatung
Hinter dem Lämmchen 6
60311 Frankfurt am Main
069 115
www.frankfurt.de

AB HIER GEHT ES NUR NOCH BERGAB

Berger Warte

Gehören Sie zu den Menschen, die Spaziergänge im Grünen lieben? Dann bauen Sie die Berger Warte als Startpunkt oder Wegmarkierung auf einer Wanderung über den Berger Rücken ein. An diesem 12 Meter hohen Turm aus dem 16. Jahrhundert endete einst der Geleitschutz, den Frankfurt seinen Händlern gewährte.

Das den ehemaligen Wachturm umgebende Gehölz ist heute als Naturdenkmal ausgewiesen und hält ihn etwas versteckt. Haben Sie ihn gefunden, befinden Sie sich an Frankfurts höchstem Punkt: auf 212,6 Metern über Normalnull. Nur die Hochhäuser bringen Sie in Frankfurt dem Himmel näher. Seit 2004 ist das Gelände bei der EU als Fauna-Flora-Habitat eingetragen und geschützt. Blühende Wiesen, Magerrasen und alte Obstbäume kennzeichnen diese Landschaft, die Hessens größte Streuobstwiesen beinhaltet. Viele geschützte Pflanzen und Tiere sind hier beheimatet – wie seltene Orchideenarten und Zauneidechsen. Bei gutem Wetter belohnt Sie ein Spaziergang mit einem Panoramablick bis in den Taunus, Odenwald, Spessart oder auf die Frankfurter Skyline. Es bieten sich von hier gleich mehrere Ziele für eine Wanderung an. Der Lohrberg, die Naturschutzgebiete Seckbacher und Enkheimer Ried, der Vilbeler Wald, der im Frühjahr intensiv nach Bärlauch duftet, oder das verschlafene Bergen mit seinem schönen Rathaus, dessen Grundmauern im frühen 14. Jahrhundert errichtet wurden. Ein lohnender Spaziergang ist der rund sechs Kilometer lange Quellenwanderweg.

Gelegentlich treffen Sie für die Berger Warte auch auf die Bezeichnung Berger Galgen. Aber keine Angst, gehängt wird hier keiner mehr. Der ehemalige Galgen befand sich bis 1844 neben der Warte. Bei seinem Abbruch verwendete man die Steine als Treppe für die Warte, die davor nur über eine Leiter betreten werden konnte.

Eine Grüngürtel-Karte mit allen Wander- und Fahrradwegen, auch über den Berger Rücken, erhalten Sie kostenlos in der Bürgerberatung.

17

Schwanheimer Düne
Bohlenweg/Kelsterbacher Weg
60529 Frankfurt am Main
Grünflächenamt:
069 21230991
www.frankfurt.de

FRANKFURT LIEGT NICHT AM MEER

Schwanheimer Düne

Silbergras und Sand-Grasnelke, einzelne buschartige Kiefern, Bohlenwege über Sandmulden, von Grün überwucherte Hügel – eigentlich der typische Eindruck einer Dünenlandschaft an der Nordsee. Doch Frankfurt liegt nicht am Meer. Vielmehr breitet sich auf knapp 60 Hektar am Rande des Stadtteils Schwanheim eine der wenigen Binnendünen Europas aus. Sie entstand nach der letzten Eiszeit aus Sand, der vom Flussbett des Mains hierher geweht wurde.

Die Düne ist leider schlecht ausgeschildert. Nutzen Sie entweder den südlichen Zugang vom Kelsterbacher Weg oder den Fußweg von Norden aus Richtung Höchster Fähre oder Leunastraße über den Angelverein. Das gesamte Gebiet steht seit 1999 unter Naturschutz und darf nur über eigens angelegte Bohlenwege betreten werden. Der kleine See am nördlichen Rand ist den Anglern vorbehalten, der größere See in der sogenannten Schmitt-Kuhle diente nach dem Zweiten Weltkrieg dem Sandabbau und ist heute ein komplett eingezäuntes Naturreservat. Vom Bohlenweg aus gibt es zwei Stellen, die einen Blick freigeben. Hier sehen Sie mit etwas Glück Graureiher und Haubentaucher beim Fischfang. Ein großer Vogelbestand hat sich angesiedelt: Fasan, Goldammer, Heidelerche und Pirol. Entlang des Bohlenwegs finden sich zahlreiche Hinweistafeln auf Flora und Fauna sowie die Entstehungsgeschichte der Düne.

Die Gegend ist karg und vermittelt das unwirkliche Gefühl, sich an der Nordseeküste oder in Schottland zu befinden. Sachte Wellen aus Sand kreuzen immer wieder den Bohlenweg, man sehnt sich förmlich nach dem Salzwassergeruch. Doch spätestens beim Blick nach Westen wird man aus den Träumen gerissen. Dort erheben sich die Schornsteine und Bürogebäude des Industrieparks Höchst (ehemaliges Chemiewerk der Farbwerke Höchst AG). Eiszeit und Industriezeitalter – früher und heute dicht beisammen.

Gut geeignet für einen Tagesausflug: Die Schwanheimer Düne in Kombination mit der Altstadt Höchst. Nutzen Sie die Personenfähre zur Überfahrt.

CAMERA OBSCURA

KUNST UND KULTUR

18

Museum für Moderne Kunst
Domstraße 10
60311 Frankfurt am Main
069 21230447
www.mmk.art

DAS BEGEHBARE TORTENSTÜCK

Museum für Moderne Kunst

»Die Schönheit der Monotonie« – so bezeichnen Experten des Museums die Fotocollagen von Peter Röhr, dessen Archiv im Museum für Moderne Kunst (MMK) beheimatet ist. Er beschäftigte sich mit den immer wiederkehrenden Szenen des Alltags. Diese andauernde, monotone Wiederholung, Tag für Tag – wie ein Fließband des Lebens. Doch sie beinhaltet auch etwas Beruhigendes, Schützendes. Warum sonst zählen wir Schafe, um einschlafen zu können? Zwölf VW-Käfer hat Röhr beispielsweise aus dem Katalog ausgeschnitten und nebeneinander geklebt. Ist das Kunst? Dazu gibt es sicher verschiedene Meinungen. In jedem Fall lohnt es sich, das MMK zu besuchen, um sich eine eigene Meinung zu bilden. Selbst wenn Sie danach erkennen sollten, dass diese Art Kunst nicht Ihr Favorit ist, können Sie sich an dem großen Kunstwerk freuen, das alle anderen einschließt: das Gebäude des MMK. So ungewöhnlich wie die Außenarchitektur – das Tortenstück – so überraschend ist auch das Innere. Räume in mannigfaltiger Geometrie, lange Treppen, enge Durchgänge, kleine Brücken mit kurzen Metallgeländern, schmale Ein-Mann-Balkone, die schießschartenähnlich in den Innenraum hineinragen. Sobald man um die Ecke biegt, werden die herkömmlichen Erwartungen von Gebäuden und Räumen umgehend widerlegt. Hohe weiße Wände, helles Eichenparkett und viel Tageslicht bringen die minimalistische Installation der Kunstwerke gut zur Geltung.

In vielen Räumen gibt es kostenfreie Faltblätter mit Erklärungen zu den dort ausgestellten Hauptwerken. Das hilft enorm. Doch selbst durch die zehnseitigen Bemühungen, uns eines der Hauptwerke der Kunstlegende Joseph Beuys *Blitzschlag mit Lichtschein auf Hirsch* nahezubringen, wird dieser Raum keiner unserer Lieblingsräume werden. Das Museum für Moderne Kunst jedoch ist und bleibt einer unserer Lieblingsplätze in Frankfurt.

Moderne Kunst ist erklärungsbedürftig, eine Führung ist also sehr zu empfehlen.

19

Museum für Kommunikation
Schaumainkai 53
60596 Frankfurt am Main
069 60600
www.mfk-frankfurt.de

RUF DOCH MAL AN!

Museum für Kommunikation

»Steck den Finger in das Loch mit der Drei, dann ganz nach rechts drehen und loslassen!« So beschreibt eine Mutter ihrer sechsjährigen Tochter die Bedienung eines alten Telefons mit Wählscheibe. Ich betrachte die Szene voller Erstaunen, während mir langsam klar wird, dass das Kind solch einen Telefonapparat noch nie zuvor gesehen hat. Für mich als Ü-50-Mensch sind die alten Wählscheibenmonster etwas Selbstverständliches. Teil meiner Jugend. Das war die Zeit, als das Museum für Kommunikation (MfK) noch Postmuseum hieß und es noch einen Postminister gab. Wolfgang Bötsch war der letzte seiner Zunft.

Das MfK ist ideal für technisch oder historisch interessierte Eltern mit Kindern ab vier Jahren. Während die Sprösslinge in der Kinderwerkstatt von geschulten Mitarbeitern betreut und angeleitet werden, können die Eltern in die Historie von Telefonie, Rundfunk und Fernsehen eintauchen. Erinnern Sie sich noch an die Tagesschau in den 60er-Jahren? Wissen Sie noch, wie Frank Elstner *Wetten dass ..?* moderiert hat? All das können Sie an einer nach Jahrzehnten aufgeteilten Fernsehstation nacherleben. Bestaunen Sie Volksempfänger aus der Zeit des Zweiten Weltkriegs, die ersten Faxgeräte und den ersten PC. Auch interessant: eine voll funktionsfähige automatische Briefsortieranlage. »Ruf doch mal an!« war der bekannteste Werbespruch der deutschen Post, zu sehen auf den unterschiedlichsten Werbeplakaten der 70er und 80er-Jahre. Bei dem Zusatz »1 Minute nach New York nur 7 Mark 59« bleibt einem das Lachen fast im Halse stecken. Lieblingsplätze geben manchmal auch die Einsicht, dass früher eben nicht alles besser war.

Zurück zu Ihren Kindern: Die haben inzwischen aus Elektronikschrott kleine Tierchen gebastelt, am Kinderpostschalter fleißig Briefe gestempelt oder Linolfarbdrucke hergestellt. So macht ein Museumsbesuch Spaß.

Im Museumscafé Genussfee können Sie Ihre Kinder mit einer individuellen Geburtstagsfeier beglücken (www.genussfee.de/museumscafe).

20

Museumsufer
Schaumainkai
60596 Frankfurt am Main
www.museumsufer-frankfurt.de

DAS GRÖSSTE KULTURFEST EUROPAS

Museumsufer und Museumsuferfest

Zwei bis drei Millionen Gäste pro Jahr – wirklich beeindruckend! Das Museumsufer-Fest (MUF) ist nach Angaben der Stadt das größte Kulturfest Europas. Obwohl das MUF mit seiner Kombination aus Kultur, Musik, internationalen Gerichten und ungewöhnlichen Verkaufsständen schon lange unser Lieblingsfest ist, wollen wir in einem heroischen Selbstversuch herausfinden, ob es wirklich die Aufnahme in dieses Buch verdient.

Warum Museumsufer? Zwischen 1980 und 1990 entstand entlang des Sachsenhäuser Mainufers zwischen Eisernem Steg und Friedensbrücke ein einmaliges Ensemble von 13 Museen, die sich fast alle in ehemaligen Patriziervillen entlang der Uferpromenade befinden. Der damalige Kulturdezernent Hilmar Hoffmann sah diese Museumskette am Südufer als kulturellen Kontrapunkt zur nördlich des Mains gelegenen Skyline der Bankentürme.

Wir erwarten wie jedes Jahr ein dichtes Menschengedränge und werden nicht enttäuscht. Geselligkeit und Kontaktfreude sind in der Tat ein wesentlicher Bestandteil dieses Fests. Überall gibt es Aktivitäten, die zum Mitmachen anregen: Hier das legendäre Drachenbootrennen, dort eine Kinderwerkstatt oder Live-Musik auf einer der zahlreichen Bühnen. Mehrmals werden wir spontan in die tanzende Menge hineingezogen. Hier lockere Gruppen von Menschen jeglichen Alters, die uns zuprosten, dort ein paar unkompliziert ausgelegte Holzplatten, auf denen sich elegante Tangopaare bewegen. Sobald wir einen der drei Hauptwege entlang des Mainufers verlassen, kommen wir ins Gespräch, auf deutsch, hessisch, englisch oder Zeichensprache – egal. Wir vergessen die komplizierte, teils bedrängende Nachrichtenlage aus aller Welt und empfinden eine große, erdumspannende Zusammengehörigkeit.

Kaufen Sie einen MUF-Ansteckbutton für sieben Euro, damit können Sie an diesen drei Tagen alle Museen in Frankfurt besuchen – günstiger geht's nicht!

21

Deutsches Filmmuseum
Schaumainkai 41
60596 Frankfurt am Main
069 961220220
www.dff.film

FILM AB!

Deutsches Filmmuseum

Wunderschön am Main gelegen bietet das Museum drei Etagen für den Filmfan. Die erste führt durch die Anfänge der visuellen Medien und nimmt Sie mit ins 18. und 19. Jahrhundert. Die Ausstellungsstücke verdeutlichen hinter Glas, aber auch an interaktiven Stationen, wie filmische Wahrnehmung funktioniert. Kaleidoskope, Guckkästen, Zerrbilder und Panoramen stellen nur einige der Möglichkeiten dar, zu erleben, wie die Bilder laufen lernten. Dabei sind die alten Apparate so liebevoll, bunt und dekorativ gestaltet, dass die Funktion beim Betrachten regelmäßig in den Hintergrund tritt. In dem kleinen Kino dieser Etage werden Beispiele des Einfallsreichtums des Films um das 19. Jahrhundert präsentiert.

Die Ausstellungsräume des zweiten Stocks sind in Schwarz gehalten, ebenso wie in der Etage darunter, und widmen sich den Gestaltungsmitteln des Films. Hier kann man erfahren, wie der Film seine Wirkung erzielt. Verschiedene Exponate zeigen zudem die Werkzeuge der Filmemacher: neben Original-Requisiten aus Filmen des 20. Jahrhunderts wie einem Monsterkostüm aus der Alien-Reihe, einem Kleid von Romy Schneider und einem Helm von Darth Vader, stehen auch Kameras, Storyboards und Drehpläne. Natürlich können Sie auch hier wieder aktiv werden. Treten Sie vor die Kamera in einer Bluebox und surfen Sie auf dem Monitor durchs Weltall oder kämpfen Sie mit riesigen Spinnen. Wer es ruhiger mag, kann einen Film aus verschiedenen Szenen montieren und sich dabei in Dramaturgie üben. Das Kino im zweiten Stockwerk zeigt Ausschnitte aus mehr als 100 Filmen.

In der dritten Etage ist Raum für Sonderausstellungen. Im offenen Foyer finden Sie ein Café, natürlich neben großer Leinwand, und im Keller ein Kino mit besonderen Filmen und bequemen, samtig roten Kinositzen. In Summe möchte das Filmmuseum viel erzählen ohne den Gast zu erschlagen.

Auf der Suche nach einem besonderen Kindergeburtstag? Drehen Sie doch einen Trickfilm im Filmmuseum. Informationen finden Sie auf der Homepage des Museums.

22

Naxos-Viertel
Rund um Theater Willy Praml
Wittelsbacherallee 29
60316 Frankfurt am Main
069 43054733
www.theater-willypraml.de

Naxosatelier in der Naxoshalle Bornheim
Waldschmidtstraße 19
60316 Frankfurt am Main
0179 6683135
jugendladen-bornheim.junetz.de/

GEBALLTE KULTUR AUF ENGSTEM RAUM

Rundgang durchs Naxos-Viertel

Im Stadtplan finden Sie die Bezeichnung Naxos-Viertel nicht. Wir wollen aber nicht versäumen, Ihnen diese Gegend im Frankfurter Ostend näherzubringen. Um das Gelände der ehemaligen Schleifmaschinenfabrik Naxos-Union finden Sie im Umkreis von 500 Metern Kunst und Kultur in einer Dichte, wie Sie sie an anderer Stelle nur schwer finden werden. In der alten Maschinenhalle der Naxos-Union nimmt die feine Nase des Publikums das Maschinenöl noch wahr. Hier entführt Sie das Theater Willy Praml auf eine Reise durch Theater, Musik und Film. Sie werden die Aufführung nicht nur sitzend erleben, sondern dem Ensemble durch diese einzigartige Spielstätte folgen. Auf dem gleichen Gelände befindet sich an der Waldschmidtstraße die Kabarettbühne *Die Käs* (www.diekaes.de). Käs, das ist die Abkürzung für Kabarett Änderungsschneiderei – ein Scherz, der mit einem typischen Klischee von Türken spielt. Auf der anderen Straßenseite ist das Künstlerhaus Mousonturm (www.mousonturm.de) beheimatet. Hier wurde bis in die 70er-Jahre die »Creme mit der Tiefenwirkung« hergestellt. Noch Jahre später roch es im Viertel nach der produzierten Kosmetik. Das aktuelle Programm ist vielfältig und bietet Tanz, Musik, Performance, Literatur und Kunst.

Um die Ecke überrascht das Mampf, eine der kleinsten Jazzkneipen Frankfurts. Es kommt vor, dass ein Musiker den Bass zur Seite drehen muss, um für Zuschauer den Weg zur Toilette frei zu machen. Knuffig und liebenswert beschreibt es wohl ganz passend. Heiteres, Klassisches und Zeitgenössisches spielt das *Fritz Remond Theater* im Zoo (www.fritzremond.de). Das weltweit einzige Theater in einem Zoo. Ein paar Schritte weiter führt Sie Ihr Weg zur Bühne *Katakombe* (www.katakombe.de). In einem ehemaligen Kino werden Theaterstücke zeitbezogen und gesellschaftskritisch interpretiert. Sollte Sie der Kulturschock hungrig machen, finden Sie zwischen Zoo und Unterer Berger Straße alles für den kleinen und großen Hunger.

Tipp für kreative Jugendliche und junge Erwachsenen: Das *Naxos-Atelier* im ersten Stock der Naxoshalle. Vorbeikommen. Mitmachen. Kreativ sein.

23

Obere Berger Straße
Startpunkt: Höhenstraße
60385 Frankfurt am Main

Café Wacker
Berger Straße 185
60385 Frankfurt am Main
069 46007752
www.wackers-kaffee.de

DAS LUSTIGE DORF

Obere Berger Straße

Von der Höhenstraße bis nach Seckbach haben Sie die Möglichkeit, auf der Oberen Berger Straße am echten Frankfurter Leben teilzunehmen. Beginnen Sie Ihren Tag im Café Wacker. Hinter der Art-déco-Fassade von 1921 bekommen Sie Köstlichkeiten aus der hauseigenen Rösterei. Bei schönem Wetter gerne unter freiem Himmel. Samstags lässt sich das rege Treiben auf dem Wochenmarkt beobachten. An anderen Tagen können Sie Ihren Blick über den Platz schweifen lassen, die Bornheimer in ihren Cafés beobachten und am denkmalgeschützten Uhrtürmchen ablesen, was die Zeit geschlagen hat.

Mögen Sie Kinos, die noch eine Seele besitzen und das Popcorn nicht aus der Fabrik anliefern lassen? Dann sind Sie im nahen Berger Kino genau richtig (berger-kino-frankfurt-am-main.critic.de).

»Strunzen« Sie, wie wir Frankfurter zum gemütlichen Schlendern sagen, zum sogenannten Fünffingerplätzchen weiter. Ab hier erleben Sie die Berger Straße als eine riesige Kneipe. Besonders an Spieltagen der Frankfurter Eintracht verwandeln sich die nächsten 100 Meter in eine riesige Fanmeile für Fußballbegeisterte. Hier findet man noch die traditionellen Apfelweinkneipen. Teilweise in gemütlichen Fachwerkhäusern aus dem 16. Jahrhundert, aber regelmäßig mit schönem Hof für warme Tage. Ein vorzüglicher Ort, um mit waschechten Frankfurtern bei einem Sauergespritzten ins Gespräch zu kommen. Aber auch Apfelweinverweigerer kommen auf ihre Kosten. Hippe Cafés und Restaurants, Weinkeller, ein Irish Pub, junge und alteingesessene Läden machen die »Bernemer Zeil« zu einem Volltreffer für jedermann. Eine kleine Besonderheit stellt das Kaufhaus Hessen dar (Hausnummer 288). Hier finden Sie schöne und nützliche Dinge aus der und über die Region. Wenn Sie die Berger Straße von Anfang bis Ende, den unteren und oberen Teil, besichtigen, haben Sie ein schönes und besonders lohnendes Stück Frankfurt kennengelernt.

Der jährlich im August stattfindende Bernemer Mittwoch ist Frankfurts volkstümlichstes und bei den Einheimischen beliebtestes Straßenfest.

24

Untere Berger Straße
Startpunkt: Bethmannpark
60316 Frankfurt am Main

Glück ist jetzt
Baumweg 20
60316 Frankfurt am Main
066 728679494

ENTSCHLEUNIGTES SHOPPEN FÜR GENIESSER

Untere Berger Straße

Die Berger Straße ist die längste und bei den Einheimischen beliebteste Flanier- und Einkaufsmeile der Stadt. Wegen ihrer Länge von drei Kilometern und der historisch unterschiedlichen Entwicklung unterscheiden wir Frankfurter zwischen oberer und Unterer Berger Straße. Der untere Teil erstreckt sich durch das mondäne Nordend vom Bethmannpark am Anlagenring bis zur Höhenstraße.

Wer es individueller und weniger hektisch als auf der Zeil mag, wird dieses Stück Frankfurt lieben. Auch als Anwohner gibt es immer wieder neue liebenswerte Läden zu entdecken. Kaufhäuser und Warenhausketten suchen Sie hier vergeblich. In den Altbauten, überwiegend aus der Gründerzeit, haben sich junge und kreative Läden ebenso angesiedelt wie interessante Gastronomiekonzepte, Buchläden und beliebte Cafés. Bei schönem Wetter werden allerorts Tische und Stühle vor die Türe gestellt und so eine Urlaubsstimmung gezaubert, wie sie bis vor ein paar Jahren nur aus südlichen Ländern bekannt war.

Brauchen Sie eine Pause vom Shoppen und Staunen, sitzen Sie schön am Merianplatz im ehemaligen Volksbrausebad. Das denkmalgeschützte achteckige Gebäude aus dem Jahre 1888 wurde bis ins neue Jahrtausend in seiner ursprünglichen Funktion benutzt. Direkt dahinter finden Sie einen Spielplatz, auf dem der Nachwuchs sich austoben kann. Nehmen Sie sich ein Buch aus dem gegenüberliegenden offenen Bücherschrank und finden Sie Ihren persönlichen Lieblingsplatz in einem der unzähligen Cafés und Bars. Vergessen Sie bei einem Spaziergang nicht die Seitenstraßen. Michis Schokoatelier mit handgemachten Pralinen im Sandweg (www.michis-schokoatelier.de), Café Kante für den Liebhaber traditioneller Kaffeekultur in der Kantstraße (www.cafe-kante.de) oder das *Heroes* mit frischen Burgern in der Leibnizstraße (www.heroes-burgers.de) sind nur Stellvertreter der vielen Möglichkeiten auf und um die Untere Berger Straße.

Seit Mitte der 1980er-Jahre feiert Frankfurt jeden Sommer auf der Unteren Berger Straße das zweitgrößte Straßenfest der Stadt, unter anderem mit umfangreichem Kulturprogramm..

25

Experiminta Science Center Frankfurt Rhein-Main
Hamburger Allee 22–24
60486 Frankfurt am Main
069 71379690
www.experiminta.de

NATURWISSENSCHAFT BEGREIFBAR GEMACHT

Experiminta Science Center

Ob Sie es glauben oder nicht: Eine Kugel kann bergauf rollen, aus zwei Gesichtern kann eines gemacht werden und Sie können das Innere eines Auges betreten. Hier finden Sie Experimente aus dem Bereich Mathematik, Informatik, Naturwissenschaft und Technik (MINT). Aber nicht schulmäßig belehrend, sondern als Mitmach-Stationen zum Ausprobieren, Erleben und Staunen. Ein Museum der anderen Art.

Im März 2011 öffnete die Experiminta ihre Pforten, getragen vom ehrenamtlichen Engagement vieler Frankfurter Bürger. Ein aktuelles Beispiel dafür, dass diese Stadt durch ihre Bürger lebt und sich weiterentwickelt. Die historische Kette ähnlicher Aktionen lässt sich bis zum Bau des Eisernen Stegs und der Gründung der Bürgerstiftung im Holzhausenschlösschen zurückverfolgen.

Die Experiminta bietet etwa 130 Exponate auf vier Stockwerken. Diese sind zwecks Orientierung in Themengebiete unterteilt: Stark und Schwach, Wind und Wetter, Sparsam und Verschwenderisch, Sichtbar und Unsichtbar oder Abenteuer Informatik. Die lockere, spielerische Darstellung naturwissenschaftlicher Phänomene ist für Menschen fast jeden Alters geeignet (Kinder ab 4 Jahre). Denk- und Geschicklichkeitsanforderungen wechseln sich ab. Bei etwa 100.000 Besuchern pro Jahr sind Sie an den Experimentierstationen selten allein, irgendjemand ist immer dabei, diskutiert, staunt und lacht mit Ihnen.

Die Experiminta beschränkt sich nicht nur auf die Präsentation der Stationen, sondern bietet auch Workshops, Bühnenshows, wissenschaftliche Vorträge und Lehrerfortbildungen an. Schulklassen erhalten eine kleine Einführung – aber keine Führung: Die pädagogisch erfahrenen Initiatoren bauen auf Selbsterfahrung und Experimentierfreude. Spektakulär: Flammenrohr, Teufelsrad und Flugsimulator.

Sie planen eine besondere Geburtstagsfeier oder ein alternatives Geschäftsmeeting? Räume und Ideen sind vorhanden. Anfrage über die Website.

26

Westhafen
Westhafen Tower
Westhafenplatz 1
60327 Frankfurt am Main
069 91732726
www.westhafentower.de

Segel Center Frankfurt
Gutleutstraße 175
60327 Frankfurt am Main
069 455372
www.segel-center-frankfurt.de

ALLES AM FLUSS

Westhafen

An so ein Stück Frankfurt muss man sich in der Stadt erst gewöhnen. Modern, stylish und etwas unterkühlt gibt sich das neue Areal um den Westhafen Tower. Wegen seiner dem Apfelweinglas ähnelnden Fassade wird der 109 Meter hohe Turm gerne als »Geripptes« bezeichnet. Die Nähe zum Wasser, Segelboote, Wasservögel und ein mit Bäumen und Restaurants gesäumtes Ufer verbreiten ein mediterranes Ferienambiente. Romantische Sonnenuntergänge verstärken dieses Flair, wenn man an warmen Sommerabenden entlang der Promenade flaniert.

Bei der Entscheidung den ehemaligen Westhafen umzufunktionieren wurde auf die Kombination von Wohnen und Arbeiten am Wasser geachtet. So entstanden hier neben rund 850 Wohneinheiten geschätzte 3.500 Arbeitsplätze. Die Bürogebäude sind in den Abendstunden und an den Wochenenden weitgehend leer und tragen zum unterkühlten Charme bei, ohne negativ aufzufallen. Im Schattenspiel der tief stehenden Sonne bieten die Bürofassaden kreative Fotomöglichkeiten. Das Wohnen ist eher als exklusiv zu bezeichnen, besonders auf der 560 Meter langen, nur über eine Brücke zu erreichenden Hafenmole. Wen die Wohnpreise auf der Insel nicht abschrecken, kann im Hafenbecken einen Liegeplatz für sein Boot mit erwerben. Dann hat man alles übereinander und beisammen. Sein Heim, sein Auto, sein Boot.

Eine Segelschule befindet sich ebenfalls im Hafenbecken, falls man das maritime Handwerk erst erlernen muss. Hier kann man sich nicht nur das Navigieren auf dem Wasser aneignen, sondern direkt auf dem Wasser Kaffee und Kuchen zu sich nehmen. Rund 110 Millionen Euro wurden seit 1994 investiert, um aus dem alten Hafen von 1886 eine moderne Büro- und Wohnstadt zu entwickeln. An die Geschichte erinnern heute nur die alte Kaimauer aus rotem Mainsandstein und das Druckwasserwerk zum hydraulischen Betreiben fast aller Hafenanlagen von 1888.

Absolut sehenswert: das Druckwasserwerk mit eigenem Mainstrand. Das Restaurant wird gelegentlich als »neue Gerbermühle« bezeichnet (www.druckwasserwerk.de).

DER BERÜHMTESTE SOHN FRANKFURTS

Goethe und seine Heimatstadt

Wie wichtig war Frankfurt für Goethes Entwicklung? Wie wichtig ist Goethe für die Stadt Frankfurt heute? Das sind Fragen, die sich ein Kulturinteressierter heute stellen kann. Johann Wolfgang von Goethe (1749–1832) lebte mit Unterbrechungen 26 Jahre lang in seiner Heimatstadt, bevor er 1775 nach Weimar übersiedelte. Die Stadt und sein Elternhaus prägten ihn sowohl in seiner Allgemeinbildung, die er hauptsächlich von seinem Vater erhielt, als auch in seiner literarischen Frühentwicklung, die er besonders seiner Mutter zu verdanken hat. Catharina Elisabeth Goethe, geborene Textor, erzählte ihren Kindern oft Gute-Nacht-Geschichten und forderte sie auf, sich das Ende selbst zu »erträumen«. Dieses Verhalten von Frau Aja, wie sie häufig genannt wurde, erhielt später durch die Wissenschaftler das Prädikat »Anstiftung zum literarischen Denken«.

Eine wichtige Rolle spielte auch Susanne von Klettenberg. Sie unterstützte als damals nicht wohl gelittener Freigeist Goethes späteres Stürmen und Drängen, sein Aufbegehren gegen den Amts- und Adelsrespekt zugunsten von Gefühl und Individualismus. Dies alles in einer Stadt, die sehr konservativ strukturiert war, in der abends die Stadttorschlüssel beim Bürgermeister hinterlegt werden mussten, in der es den Zunftzwang für Handwerker gab und das öffentliche Blutgericht noch praktiziert wurde. An der Hauptwache wurde 1772 Susanna Margaretha Brandt hingerichtet, die damit zum Vorbild für das Gretchen im *Faust* wurde. In Frankfurt herrschte noch eine aus dem Mittelalter überkommene Mentalität. Möglicherweise förderte diese Goethes Aufbegehren und seine öffentliche Gefühlsverbreitung, die mit den *Leiden des jungen Werthers* einen vorläufigen Höhepunkt fand. Als Goethe erkannte, dass ihm seine Heimatstadt dies vermittelt hatte, er aber nicht mehr von ihr erwarten konnte, ließ er sie hinter sich. So wie er oft Lebensabschnitte gnadenlos abschließen konnte. Selbst zur Beerdigung seiner Mutter erschien er nicht mehr in Frankfurt. Erst seine späte Liebe Marianne von Willemer konnte ihn 1814 wieder für seine Geburtsstadt erwärmen, am Rande, in Oberrad, in der legendären Gerbermühle.

Und das heutige Frankfurt? Es schmückt sich mit dem bekanntesten Sohn der Stadt, benennt Schulen, Plätze und Straßen nach ihm. Sogar die Universität trägt seinen Namen, was verwundern mag, da Goethe sich weder im Bereich der von ihm erlernten Juristerei Meriten erwarb noch in der Naturwissenschaft. Bis zu seinem Lebensende widersprach er Newtons Spektrallehre, was ihm in ironischer Juristensprache als »Prozeß Goethe gegen das Spektrum« ausgelegt wurde. Immerhin: Die Literaten können mit Fug und Recht stolz auf ihn sein. Dies schlägt sich deutlich in Frankfurts Tradition und Zukunftsvision nieder. Im Februar 2012 wurde das Haus des Buchs eingeweiht, dazu erklärte die damalige Oberbürgermeisterin Petra Roth: »Der heutige Tag ist ein klares Bekenntnis zu Frankfurt als Stadt der Buchmesse, des Deutschen Buchpreises, der Stadt Goethes, Börnes und Adornos – der Stadt mit einer einzigartigen geisteswissenschaftlichen Tradition.«

Goethe wurde von Frankfurt zu literarischen Höchstleistungen inspiriert, er brauchte die Stadt, möglicherweise mehr, als er selbst dachte. Und die Stadt Frankfurt braucht Goethe heute ebenso sehr, um ihre Tradition als Literatur- und Bücherstadt weiterleben zu können und nicht als reine Verkehrs- und Handelsstadt zu gelten. Mit einem Unterschied: Die Frankfurter geben unumwunden zu, dass sie stolz auf ihren Goethe sind, während Goethe seinen Stolz auf Frankfurt nur dezent äußerte. Auch waren ihm Begriffe wie Heimatstadt oder Vaterland eher fremd. Er dachte und fühlte wie ein Kosmopolit, er war ein Europäer. In seinem *Felsweihegesang an Psyche* (1772) findet man den für die damalige Zeit überraschenden Satz: »Da wo wir lieben, ist Vaterland, wo wir genießen ist Haus und Hof.« Für mehr als 20 Jahre standen sein Haus und Hof jedenfalls in Frankfurt am Main.

27

Schirn Kunsthalle Frankfurt
Römerberg
60311 Frankfurt am Main
069 2998820
www.schirn.de

SCHMÜCKEN MIT FREMDEN FEDERN

Kunsthalle Schirn

Mit der Frankfurter Kunsthalle Schirn eröffnete 1986 eines der heute renommiertesten Ausstellungshäuser Europas seine Pforten. Den Namen verdankt die Schirn ihrer Lage im ehemaligen »Worschtviertel« der Altstadt. Hier hatten die Metzger ihre Stände, die man »Schirne« nannte.

Eigene Exponate besitzt die Schirn nicht, so ist man darauf angewiesen, sich mit wechselnden Ausstellungen immer wieder neu zu definieren. Hinweise zu den Ausstellungen finden sich in nationalen und internationalen Zeitschriften und auch die Bahn bietet regelmäßig besondere Kultur-Tickets zu bestimmten Schauen an. Die Ausstellungen haben dabei stets ein übergeordnetes Thema, widmen sich einem Künstler oder auch nur einer bestimmten Schaffensperiode, was meist überzeugend gelingt. Auch gesellschaftlich umstrittene Themen finden ihren Weg hierher. Da die Schirn auf ein breites Publikum zielt, werden Führungen auf Englisch, nach Feierabend und an den Wochenenden parallel zur Erwachsenenführung auch für Kinder angeboten. Ob ein Besuch sich auch für Sie lohnt, ist abhängig von der jeweiligen Ausstellung. Informieren Sie sich auf den Internetseiten der Schirn. Dort werden Filme, Interviews und gut aufbereitete Informationen zu den jeweiligen Ausstellungen geboten.

Dass man mit Kunst auch zu eher unerwünschtem Ruhm kommen kann, erlebte die Schirn 1994. Bei einem der spektakulärsten Kunstraube der Nachkriegsgeschichte wurden während einer Ausstellung drei weltbekannte Bilder, zwei Turner und ein Friedrich entwendet. Der Versicherungswert betrug rund 40 Millionen Euro. Unter mysteriösen Umständen und Millionenzahlungen gelangten die Bilder an die Besitzer zurück. Die Hintermänner konnten bisher nicht gefasst werden. In der Zwischenzeit sollen die Bilder nur knapp zwei Kilometer entfernt in einer Garage in der Waldschmidtstraße versteckt gewesen sein.

Wie es um die Kunst steht – in der Schirn und anderswo – erfahren Sie im hauseigenen Online-Magazin (www.schirn.de/magazin).

28

Main Tower
Neue Mainzer
Straße 52–58
60311 Frankfurt am Main
069 36504740
www.maintower.de

PANORAMABLICK VOM FEINSTEN

Main Tower

56 Stockwerke geht es aufwärts, dann liegt Ihnen die ganze Stadt zu Füßen. Von der Aussichtsterrasse können Sie die Charakterpunkte der Stadt bequem entdecken: die Zeil, eine der umsatzstärksten Einkaufsstraßen in Deutschland, die altehrwürdige Paulskirche, den Flughafen und die Alte Oper. Die Hochhäuser der Frankfurter Banken liegen in direkter Nachbarschaft des Main Tower, Sie sind also mittendrin in der berühmten Skyline. Wer genau hinschaut, kann bei der gegenüberliegenden Commerzbank einen der hauseigenen Gärten entdecken. Bei klarer Sicht können Sie den Blick sogar über Frankfurt hinaus bis in den Taunus und das Umland schweifen lassen, für Erwachsene und Kinder ein spannendes Erlebnis. Bei vielen Frankfurttouren gehört der Main Tower zum Standardprogramm. Das Restaurant im 53. Stock und die angeschlossene Lounge zählen zur gehobenen Klasse der Gastronomie. Sie können mit Blick über die Stadt edel speisen oder sich einen Cocktail an der Bar gönnen. Bitte beachten Sie die nicht besonders üppigen Öffnungszeiten. In der gleichen Etage befindet sich das Fernsehstudio des Hessischen Rundfunks. Von hier werden Wirtschaftstrends, Wettermeldungen und die Hessenschau gesendet. Freitags ist hier häufig ein »Ja, ich will!« zu hören, denn im Fernsehstudio kann man nach Voranmeldung beim Standesamt heiraten.

Einige praktische Hinweise: Der Main Tower liegt gut erreichbar zwischen Innenstadt und Bankenviertel, nur etwa zehn Minuten Fußweg von der Hauptwache entfernt. Vor dem Zutritt erfolgt eine ausführliche Sicherheitskontrolle, Sie sollten also die üblichen im Flugzeug verbotenen Utensilien zu Hause lassen. In 200 Metern Höhe ist es grundsätzlich kälter und windiger als am Boden, nehmen Sie also passende Kleidung mit. Bei stürmischem oder regnerischem Wetter bleibt die Aussichtsplattform geschlossen.

Ein warmer Sommerabend. Die Sonne geht unter. Die Lichter der Skyline beginnen zu leuchten. Die Stadt verwandelt ihr Gesicht – nicht verpassen!

29

Ernst-May-Haus
Im Burgfeld 136
60439 Frankfurt am Main
069 15343883
www.ernst-may-haus.de

DAS NEUE FRANKFURT

Ernst-May-Haus

Wer bei »Das Neue Frankfurt« nur an die moderne Skyline denkt, ist gedanklich knapp 90 Jahre zu spät. In den Jahren zwischen 1925 und 1930 galt das, was in Frankfurt gebaut wurde, als bahnbrechend und erregte weltweites Aufsehen. Diese Zeit ist untrennbar mit Ernst May verbunden, dem in Frankfurt geborenen Architekten. In seiner Zeit als Baudezernent entstanden 12.000 Wohnungen in mehreren Siedlungen. Unterstützung erhielt er dabei von namhaften Architekten wie Martin Elsässer oder Walter Gropius.

Die neuen Siedlungen bezogen stets die Landschaft mit ein. Es entstanden regelrechte Gartenstädte. Um sein Ziel zu erreichen, entwickelte May das sogenannte Frankfurter Montageverfahren: Wesentliche Elemente des Hauses wie die Wände wurden vorgefertigt, sodass Arbeiter in nur anderthalb Tagen ein Reihenhaus errichten konnten. Ganze Siedlungen wurden in kurzer Zeit erschaffen.

Die berühmteste und sicherlich auch eine der schönsten ist die Römerstadt, die seit 1972 unter Denkmalschutz steht. Sie war die erste Siedlung in Deutschland, die voll elektrifiziert war. Da es in der Anfangszeit regelmäßig zu Stromausfällen kam, konnten die Küchenherde sowohl mit Strom als auch mit Holz kochen. Für Hausfrauen gab es Kurse für den Umgang mit dem neuen Drehstrom. Überhaupt waren die Küchen etwas ganz Besonderes. Für deren Gestaltung konnte die Wiener Architektin Margarete Schütte-Lihotzky gewonnen werden. Die für diese Häuser entworfene »Frankfurter Küche«, die einzig unter rationalen Gesichtspunkten entstand, gilt als Mutter aller Einbauküchen. Auch heute noch sind die funktionalen Ernst-May-Häuser beliebt. Teilweise werden sie noch von Nachkommen der ersten Mieter bewohnt. Eines der Häuser der Römerstadt wurde in den Originalzustand von 1928 zurückversetzt und inklusive der Frankfurter Küche eingerichtet. Es steht dem Besucher offen.

Für dieses Frankfurter Erbe der frühen Moderne wird über den Antrag einer Aufnahme der Römerstadt in die Liste des UNESCO-Weltkulturerbes nachgedacht.

30

Stalburg Theater
Glauburgstraße 80
60318 Frankfurt am Main
069 25627744
www.stalburg.de

HIER WERDEN SIE ZUM STOFFEL

Stalburg Theater

Dass Gutes nicht teuer sein muss, können Sie beim jährlichen Stoffel Festival live erleben. Bei freiem Eintritt wird hier ein ansprechendes und abwechslungsreiches Kulturprogramm unter freiem Himmel geboten. Und dies schon seit 2004. Damals verlegte das Stalburg Theater zum ersten Mal seine Bühne von der Glauburgstraße in den Günthersburgpark. Da jedes Kind einen Namen braucht, nennt sich das vierwöchige Sommerspektakel, ganz frei von Anglizismen, Stalburg Theater Offen Luft, kurz Stoffel.

Geboten werden dem Besucher von Montag bis Sonntag Lesungen, Theater und natürlich jede Menge Musik. Zwei Programmpunkte für die großen Besucher sind es täglich. Für die Kleinen gibt es an vielen Tagen ein extra Kinderprogramm mit Theater und Musik – das Stoffelchen. So bietet die Veranstaltungsreihe ihren Besuchern bis zu drei Aufführungen täglich. Und die Besucher kommen reichlich. Rund 80.000 sollen es jährlich sein. So schaffte es das nach eigener Bezeichnung »unaufgeregteste Festival der Welt«, das größte seiner Art in Deutschland zu werden.

Manche Besucher kommen nur wegen der Atmosphäre in den Park und genießen ein Picknick mit Freunden bei musikalischer Untermalung und Blick auf die Skyline. Andere kommen wegen der künstlerischen Darbietung und rücken näher an die Bühne. Hier kann man sich sogar an Bierbänken und Klapptischen niederlassen. Eingefleischte Fans kommen und verweilen auch bei unfreundlichstem Regenwetter. Möglich wird dies alles durch seine ehrenamtlichen Helfer, Künstler, die bereit sind auf ihre Gage zu verzichten, Spenden und durch den Verkauf von Essen und Getränken. Die Speisen sind natürlich überwiegend bio und aus der Region. Fühlen Sie sich gut unterhalten, dann werfen Sie den freundlichen Mitarbeitern ein paar Euro in die roten Plastikeimer. Damit es auch nächstes Jahr wieder heißt: Bühne frei.

Auch ohne Theater besuchen Familien gern den von der Familie Rothschild 1837 angelegten Günthersburgpark mit seinen Wasserspielen.

81

Orange Peel Club
Kaiserstraße 39
60329 Frankfurt am Main
0152 54085537
www.orange-peel.de

DUNKEL, RAUCHIG, FEINSTE MUSIK

Orange Peel Club

Das Programm des *Orange Peel* ist vielfältig: Jazz, Blues, Rock 'n' Roll, Funk, Latin-Soul, Salsa Partys, Lesungen und schräges Theater. Ich finde den Club erst nach einigem Suchen. Neben dem *Cocos Asian Food* öffnet sich das große Portal der Kaiserstraße 39 in einen dunklen Hinterhof. Hier hineinzugehen ist nicht jedermanns Sache. Ich frage mich sofort, wo ich hier gelandet bin, in einer alten stillgelegten Fabrik oder in einem Verbindungsgang zur Weserstraße, sprich: zum Rotlichtbereich. Aber weder das eine noch das andere ist der Fall. Über ein anarchisch anmutendes Treppenhaus gelange ich in die erste Etage, durch eine dicke Stahltür ins Orange Peel.

Die Räume versprühen den Charme einer postindustriellen Subkultur, sind sehr sparsam beleuchtet und bieten Sitzplätze, die jeglichen orthopädischen Erkenntnissen trotzen. Aus dem rückwärtigen, nicht abgetrennten Raucherbereich wabern Qualmwolken zu mir herüber. Trotz angesagtem Konzertbeginn befindet sich um 20 Uhr noch kein einziger Musiker auf der Bühne, nein, natürlich beginnen die erst um 21 Uhr, das ist ja wohl klar. Auch gibt es noch keine Getränke. Als diese dann in Form eines perfekten Pils endlich anrollen wird meine Laune deutlich besser. Spätestens mit dem ersten Ton, pünktlich (?) um 21 Uhr sind alle meine Vorsätze, das Orange Peel auf keinen Fall in dieses Buch aufzunehmen, komplett vergessen. Sieben Mann zelebrieren den Blues, so wie jeden Dienstag, mitreißend wie ich es selten erlebt habe. Zwei erstklassige Gitarristen, ein ebensolcher Saxofonist, ein Bassist und zwei Percussionisten bilden eine coole Mischung. *Tommie Harries & Friends* nennen Sie sich – der Boss sitzt am Schlagzeug, spielt treibend wie eine Dampflok im mittleren Westen, dabei lässig im Mississippi-Slang singend – ein Highlight der Frankfurter Musikszene.

Das Bahnhofsviertel wandelt sich vom Rotlichtbezirk zu einem Szene-Stadtteil: Junge Künstler, spannende Spezialitätenrestaurants, interessante Shops. Reingehen und ausprobieren – es lohnt sich!

32

Die Wendeltreppe – Buchhandlung und Antiquariat
Brückenstraße 34
60594 Frankfurt am Main
069 611341
www.die-wendeltreppe.de

MISS MARPLE IM DOPPELPACK

Buchhandlung *Die Wendeltreppe*

Die Wendeltreppe – das ist nicht nur der Name des Buchladens sondern auch sein optisches Kernstück. Seit 1989 bieten Hildegard Gansmüller und Jutta Wilkesmann im Stadtteil Sachsenhausen aktuelle und antiquarische Krimispezialitäten an. Obwohl kaum ein Genre im deutschen Buchhandel so stark gewachsen ist wie die Kriminalliteratur, befinden sich viele Ladengeschäfte in schwierigem Fahrwasser. Der Online-Handel macht ihnen große Konkurrenz und die Menschen lesen generell weniger Bücher. Damit nicht genug: 2010 bedrohte ein Wasserschaden die Existenz der beiden Wendeltreppe-Inhaberinnen.

Doch sie haben sich durchgebissen, mit viel Idealismus und persönlichem Einsatz. Beliebt sind ihre regelmäßigen Veranstaltungen: Jeden Samstag Bücherflohmarkt, am ersten Donnerstag im Monat Buchvorstellung mit Lesung und jeden ersten Samstag die Nachtbuchhandlung. Dann können Krimifans bis Mitternacht nach Herzenslust in den Regalen stöbern und einkaufen. Die beiden Damen haben sich mit Leib und Seele dem Krimi verschrieben. Sie besorgen auch Sammlerstücke aus dem In- und Ausland. Ihre liebenswerte, äußerst kompetente, manchmal etwas schrullig anmutende Art kann nur eine einschlägige Assoziation hervorrufen: Miss Marple im Doppelpack.

Dass sie damit erfolgreich sind, steht fest: Ein Kundenstamm von etwa 100 Krimilesern kommt auch von weit außerhalb Frankfurts. Einige stellen donnerstags sogar selbst neue Bücher vor – Kundenbindung wie sie besser nicht sein könnte.

»Buchhandel ist auch Schwerarbeit!«, sagt Hildegard Gansmüller und berichtet von den vielen hundert Bücherkartons, die sie im Laufe der Zeit aus dem Keller geholt oder zu Lesungen transportiert hat.

Und Jutta Wilkesmann ergänzt mit einem Appell: »Versuchen Sie zu lesen – immer wieder! Kein anderes Medium kann so viel Fantasie und Gefühl in den Menschen erzeugen wie dieses!«

Weitere außergewöhnliche Geschäfte in Frankfurt:
www.hessen-shop.com / www.cream-music.com
www.vespenstich-frankfurt.de / www.gate05.de

ESSEN UND TRINKEN

33

Fressgass
Startpunkt: Alte Oper
Opernplatz 1
60313 Frankfurt am Main

Metzgerei & Feinkost Ebert
Große Bockenheimer Straße 42
60313 Frankfurt am Main
069 288 555
www.ebert-feinkost.de

DIE FRANKFURTER GENUSSMEILE

Fressgass

Für die Einheimischen ist der Begriff Fressgass so selbstverständlich wie Berliner Straße oder Paulskirche. Die wenigsten wissen, dass der damit beschriebene Straßenzug offiziell Große Bockenheimer Straße und Kalbächer Gasse heißt. Die Straße ist auf beiden Seiten mit Marmorstreifen im Boden markiert. Bis dahin dürfen die Restaurants ihre Sitzplätze ausbreiten. An Wochentagen tummeln sich in der Fressgass zur Mittagszeit Banker und Büroangestellte aus der Umgegend, am Wochenende Touristen aus aller Welt.

Das Angebot an Restaurants und Cafés ist so groß, dass es kaum möglich ist, einige davon hervorzuheben. Das Speisenangebot reicht von gehobener italienischer Küche, Steaks und persischen Speisen über griechische Spezialitäten, Focaccia, Suppen und Rostbratwurst bis hin zu den typischen hessischen Gerichten. Wundern Sie sich nicht, wenn Ihnen auf der Speisenkarte ungewöhnliche Kombinationen wie zum Beispiel »Flammkuchen mit Thunfisch und Feigen« begegnen. Beachtenswert sind auch die kleinen Seitenstraßen und die Galerie Fressgass. Nicht allen Küchenchefs ist es über die Jahre gelungen, ihre Qualität zu halten. Anderen sind die hohen Mieten zum Verhängnis geworden. In den letzten Jahren habe sich auch Ladengeschäfte mit hochpreisigen Artikeln zwischen die Restaurants geschoben, kein Wunder, die mondäne Goethestraße ist nicht weit. Sogar ein *Apple*-Shop hat sich etabliert.

Wenn Sie ein geschmacklich ausgefeiltes Mittagessen zu fairem Preis suchen, kann die Feinkostmetzgerei an der Ecke zur Kaiserhofstraße empfohlen werden. Man kann die Speisen entweder mitnehmen oder unter Schirmen sozusagen »uff de Gass'« sitzend einnehmen. Letzteres natürlich nur bei geeignetem Wetter.

Parken an der Konstablerwache, Einkaufsbummel über die Zeil, Mittagessen in der Fressgass, Spaziergang über den Opernplatz, zurück zum Auto, Einkäufe verstauen, Ausklang im Bethmannpark.

84

Ebbelwei-Express
Verkehrsgesellschaft
Frankfurt am Main mbH
Kurt-Schumacher-Straße 8
60311 Frankfurt am Main
069 21322425
www.ebbelwei-
express.com

AUF GLEISEN DURCH DIE STADT

Rundfahrt mit dem Ebbelwei-Express

Zum typischen Frankfurter Essen – egal ob Rippchen mit Kraut, Grüne Soße oder Handkäs' mit Musik – gehört ein Apfelwein. Die hessisch-frankfurterische Bezeichnung für den Apfelwein geht von Äppelwoi oder Ebbelwei über Äppler bis hin zum einheimischen Stöffsche. Unser Lieblingsplatz zum Genießen des Frankfurter Nationalgetränks ist der Ebbelwei-Express.

Sie fahren mit einer bunt bemalten historischen Straßenbahn durch die Innenstadt und genießen den Ausblick auf die pulsierende Stadt und die erstaunten Blicke der Passanten. Das anheimelnde Gerumpel des historischen Straßenbahnwaggons, der an Bord servierte Apfelwein und die frischen Brezeln ergänzen das Urlaubsgefühl. An Samstagen, Sonn- und Feiertagen fährt der Ebbelwei-Express im Linienverkehr, Sie können aber auch Sonderfahrten für Geburtstagsfeiern oder Junggesellenabschiede buchen. Wenn Sie dabei jemand mit: »Ei guude, wie?« begrüßt, bedeutet das nichts anderes als: »Guten Tag, wie geht es Ihnen?«

Für Besucher und Zugezogene ein paar wichtige Grundkenntnisse zum Apfelwein: Das »Gerippte« (typisches geriffeltes Glas) und der »Bembel« (Tonkrug) gehören immer auf den Tisch. Ein Achter-Bembel enthält das Volumen von acht Gerippten. Für Anfänger ist ein »Gespritzter« zu empfehlen, dabei wird der zunächst recht sauer anmutende Apfelwein mit Mineralwasser verlängert. Wer sich den geheimen oder offenen Unwillen des Kellners zuziehen möchte, kann auch einen »Süßgespritzten« bestellen, bei dem statt Mineralwasser Limonade zugegeben wird. Es gibt zahlreiche Apfelweinlokale in Frankfurt, die hier aufzulisten eine schiere Unmöglichkeit darstellt. Im Grunde brauchen Sie nur aus dem Haus zu gehen, um schon über den nächsten Bembel zu fallen. Wer dennoch Hinweise sucht, dem sei diese Webseite empfohlen: www.frankfurt-interaktiv.de (Suchbegriff: Apfelweinkneipen).

Buchen Sie über die Website Stadtrundfahrten zwischen Westend und Ostend inklusive Innenstadt und Sachsenhausen. Im Menü *Entlang der Strecke* finden Sie Beschreibungen der Sehenswürdigkeiten und zugehörige Podcasts in Hochdeutsch und Hessisch.

35

Alt-Sachsenhausen
Rund um Frau-Rauscher-Brunnen
Klappergasse 12
60594 Frankfurt am Main

Harmonie Kinos
Dreieichstraße 54
60594 Frankfurt am Main
069 66371836
www.arthouse-kinos.de

FEIERN BIS ZUM MORGENGRAUEN

Rundgang durch Alt-Sachsenhausen

Sachsenhausen hat mehr zu bieten als nur sein Ebbelwei-Viertel. Wie kaum in einem anderen Teil Frankfurts hat sich zwischen Main und Stadtwald eine differenzierte städtische Struktur entwickelt und erhalten. Eine kleine Stadt in der Stadt. Die Museen und Naherholungsgebiete, die Schweizer Straße mit gehobener Vielfalt an Geschäften und Gastronomie, die jungen Kreativen mit ihren Designerläden um die Brückenstraße, das Malerviertel mit seinen Gründerzeitvillen sind allesamt sehenswert.

Dennoch suchen die abendlichen Gäste vor allem Alt-Sachsenhausen auf, das seine Besucher mit malerischen, engen Gassen voll Kopfsteinpflaster und Fachwerkhäusern empfängt. Dicht an dicht reihen sich Kneipen und versprechen ein gemütliches Beisammensein. Dem Viertel mit der vermutlich höchsten Dichte an Apfelweinkneipen in der Welt verdankt Frankfurt seinen Ruhm als Stadt des Stöffchens. Tagsüber ist das ehemalige Fischer- und Handwerkerviertel wie ausgestorben. Aber auch dann lohnt ein Spaziergang. In diesen Stunden kann die pittoreske Architektur ihren Charme voll ausspielen, bevor in den Abendstunden das Viertel erwacht. Dann atmen die engen Gassen Leben. An warmen Samstagabenden herrscht in diesen Volksfeststimmung, wenn traditionelle Äpplerkneipen, aber auch Bars, Clubs und Livemusik das vorwiegend junge Publikum nach Alt-Sachsenhausen ziehen. Aber auch ältere Besucher streunen am Abend gerne durch die belebten Gassen von Alt-Sachsenhausen. Einheimische jenseits der 30 erfrischen sich bevorzugt am Rand des Viertels beim Äppler und einheimischer Küche. Aber Vorsicht. Nicht nur für die innere Erfrischung wird in Alt-Sachsenhausen gesorgt. Die berühmte Frau Rauscher, ein Denkmal in der Klappergass, bespuckt in unregelmäßigen Abständen ahnungslose Passanten mit einer ordentlichen Portion Wasser. Immer wieder ein netter Spaß.

Starten Sie Ihren abendlichen Streifzug mit einem Film im Harmonie Kino in Alt-Sachsenhausen. Für Freunde schöner Arthouse-Kinos ein Muss.

36

Kleinmarkthalle
Hasengasse 5–7
60311 Frankfurt am Main
069 21233696
www.kleinmarkthalle.com

EIN ELDORADO FÜR DIE SINNE

Kleinmarkthalle

Der Vorgängerbau, 1877 im Stil der Neurenaissance errichtet, bot wunderschöne Architektur und eine tolle Fassade. Heute im Baustil eher unscheinbar verbirgt sich im Inneren ein farbenfrohes Paradies für Genießer. Schon auf den ersten Schritten wird man förmlich hineingesogen in das bunte Treiben, das von den vielfältigen Marktständen ausgeht. Vertraute und exotische Düfte bezaubern die Nase und locken den Besucher auf eine Erlebnisreise ins Innere.

Obst und Gemüse, Backwaren, Frischfleisch, Gewürze und Süßwaren, frische Blumen, lebende Forellen, Weck und Worscht sowie allerlei Dinge, die es zu entdecken lohnt, findet man hier appetitlich zubereitet und angerichtet. Zugegeben, das eine oder andere mag einen Euro teurer erscheinen, aber die Qualität der Waren weiß durchaus zu überzeugen. Sei es die Flugpapaya aus Südamerika, Gewürze aus dem Orient oder die grüne Soße aus Frankfurt Oberrad. Für viele Frankfurter gehört ein Besuch der Kleinmartkhalle am Samstag ebenso zum Pflichtprogramm wie für die Fans der Eintracht ein Besuch des Waldstadions, welches sich jetzt offiziell Commerzbank Arena nennt. Nehmen Sie hier Ihr Frühstück zu sich, trinken Sie einen leckeren Kaffee oder probieren Sie sich durch die angebotenen Waren, die man Ihnen fein dosiert mit einem Lächeln reicht. Es wird Ihnen schwer fallen diesen Ort ohne Einkäufe zu verlassen.

Suchen Sie auch unbedingt den asiatischen Stand auf und lassen sich von dem japanischen Schleifmeister die unglaubliche Schärfe seiner Messer demonstrieren. Diese Messer entstammen einem Familienbetrieb aus Tokio. Dort werden seit 400 Jahren Klingen herstellt. Nur in wenigen ausgesuchten Geschäften außerhalb Japans können Sie diese Messer erwerben. Wir können aus der eigenen Küche bestätigen, der Kauf in der Kleinmarkthalle lohnt sich, bei den Messern ebenso wie bei den Lebensmitteln.

Im Sommer kann man samstags die Delikatessen auch außerhalb genießen. Zahlreiche Händler laden mit Tischen und Bänken vorm Eingang zum Verweilen ein.

37

Zur schönen Müllerin
Baumweg 12
60316 Frankfurt Am Main
069 432069
www.zur-schoenen-muel-
lerin.eatbu.com

HESSEN À LA CARTE

Apfelweinlokal *Zur schönen Müllerin*

Als dieses Apfelweinlokal 1896 seine Pforten öffnete, bestand das Publikum wohl primär aus der Arbeiterschaft der umliegenden Fabriken am damaligen Stadtrand. Heute hat sich das Viertel von der Industrie der darstellenden Kunst zugewandt, aber die Beliebtheit der Gaststätte ist geblieben. Als besonderes Bonbon leistet man sich den Karnevalclub *Schöne Müllerin*.

Bei der *Schönen Müllerin* treffen sich die Nachbarn auf einen Schoppen, man führt Gäste von außerhalb aus oder kehrt als Künstler nach einem Auftritt ein, um den Abend entspannt ausklingen zu lassen. Das hier das Künstlerherz schlägt, bezeugen die entsprechenden Portraits an den Wänden, aber auch ein Blick in die Karte. Für Akteure der umliegenden Spielstätten bietet man einen besonderen Service: Bewirtung nach Vorstellungsende, auch wenn die Küche eigentlich schon geschlossen ist.

Aus der Küche darf sich der Besucher auf die vielen hessischen Gerichte freuen. Traditionell, aber auch neu interpretiert. Die »Grüne Sauce am Stück«, das Hessenschnitzel gefüllt mit Äpfeln, Sauerkraut und Speck oder die Apfelweinbratwurst. Selbstverständlich dominiert der Apfel bei der *Schönen Müllerin* auch die Getränkekarte: vergoren als Wein oder autofahrer- und kinderfreundlich als Saft.

Die Kinderfreundlichkeit ist überhaupt eines der großen Pluspunkte für Familien aus der Nachbarschaft oder Besucher des nahe gelegenen Zoos. Gerne reicht man Spiel- und Malsachen, und Hochstühle stehen immer zur Verfügung. Auch den kulinarischen Eigenheiten des Nachwuchses kommt man entgegen. Den Kinderteller füllt man ihnen mit etwas von der Karte, da muss man nicht nach speziellen Kindermenus schauen. Einen leeren Räuberteller zum Stibitzen bei den Eltern erhält man auf Wunsch ebenfalls. Zum Abschied gibt es oft noch einen Bonbon oder Lutscher.

Sie wollen Gäste von außerhalb in die Frankfurter Küche einführen? Dann empfehlen wir die »Frankfurter Platte« mit allen Spezialitäten, Vorspeisen und Desserts der Karte.

Wer macht die Musik zum Handkäs'?

Typische Frankfurter Gerichte

Handkäs' Mit Musik

Das Besondere am Handkäse mit Musik ist natürlich die Musik – und die Aussprache. Denn den Handkäse gibt es nur ohne »e« zu kaufen, also locker und flockig als Handkäs'. Weiterhin darf »Musik« keinesfalls auf der zweiten Silbe betont werden, diese Art der Aussprache sollte sich der geneigte Käsefreund für die Alte Oper aufheben. Im Restaurant wird die erste Silbe betont, und zwar kurz und knackig, sodass ein akzentuiertes »u« und ein stimmhaftes »s« entstehen. Doch wer macht die Musik zum Handkäs'? Die macht der Koch, in Form von Essig, Öl und klein gehackten Zwiebeln. Dass auch der Gast damit später eine gewisse Musik erzeugen kann, bleibt jedermanns Fantasie überlassen. Am schmackhaftesten ist diese rustikale Vinaigrette, wenn sie mild daherkommt, am besten mit verdünnter Essigessenz statt mit Essig angemacht. Dazu wird kräftiges Bauernbrot und Butter gereicht. Gewöhnungsbedürftig ist die Frankfurter Angewohnheit, dieses Gericht nicht mit komplettem Besteck, sondern lediglich mit einem Messer zu servieren. Bitte nicht nach der Gabel fragen, da müssen Sie durch!

Grüne Sosse

Ebenso wie der Handkäs' hat auch die Frankfurter Grüne Soße ein gewisses Polarisierungspotenzial: Entweder man lehnt sie ab oder wird zum absoluten Fan. Die Basis für dieses Essen kommt größtenteils aus dem Frankfurter Stadtteil Oberrad, dem Gärtnerdorf. Hier werden die sieben Bestandteile der Soße gehegt und gepflegt: Borretsch, Kerbel, Kresse, Petersilie, Pimpinelle, Sauerampfer und Schnittlauch. Viel Kalium, Kalzium und Vitamin B. Klingt nicht nur gesund, ist es auch tatsächlich. Und schmackhaft, wenn alles mit Sahne, Joghurt, Mayonnaise und / oder Quark zu einer sämigen, hellgrünen Soße verarbeitet wird, die pur zu Kartoffeln genossen wird, auf Wunsch auch zusammen mit hart gekochten Eiern oder Tafelspitz. In Oberrad gibt es sogar ein Grüne-Soße-Denkmal (Kochstraße, Ecke Speckgasse, am Rande der Kräuterfelder). Es besteht aus sieben kleinen Gewächshäusern, die in unterschiedlichem Grün erstrahlen, nachts besonders schön anzusehen.

Frankfurter Rindswurst

In keinem traditionellen Frankfurter Lokal ist sie von der Speisekarte wegzudenken, von vielen muslimischen Mitbürgern wird sie sehr geschätzt: die Frankfurter Rindswurst. Am besten das Original von der Metzgerei Gref-Völsings, Hanauer Landstraße 132, von dieser im Jahr 1894 zum ersten Mal angeboten. Die Rindswurst erkennen Sie – im Gegensatz zur üblichen weißen Brühwurst – an ihrer roten Farbe. Sie ist knackig, sollte unbedingt mit Senf gegessen werden und schmeckt auch gut als Currywurst (www.gref-voelsings.de).

Rippche mit Kraut

Gepökelt und gegart – so kommt das Frankfurter Rippchen auf den Teller. Analog zum Handkäse verliert es dabei ebenfalls seinen letzten Buchstaben. Man bestellt also ein »Rippche«, selbstverständlich mit Kraut (Sauerkraut), meistens mit Kartoffelbrei, manchmal auch mit Bauernbrot. Es stammt vom Schwein, genauer gesagt vom Kotelett, und unterscheidet sich vom Kasseler Rippchen dadurch, dass die Nordhessen das ihrige noch räuchern. Rippche mit Kraut gehört zu den Frankfurter Spezialitäten, die auch von Auswärtigen sofort ins Herz geschlossen werden. Wenn man dazu noch einen Apfelwein trinkt und an blankgescheuerten Holztischen mit wildfremden Leuten eine sinnfreie aber lustige Unterhaltung führt, dann kann man den Mundartdichter Friedrich Stoltze verstehen, der einst meinte: »Es is kaa Stadt uff der weide Welt, die merr so wie mei Frankfort gefällt, un es will merr net in de Kopp enei, wie kann nor e Mensch net von Frankfort sei!«

Sie werden jetzt vielleicht fragen: Wo sind denn die Frankfurter Würstchen geblieben? Diese umgibt ein Geheimnis und das finden Sie am Ende des Buchs.

38

Merals Imbiss
(März–Oktober)
Istanbul-Boot
Gegenüber Schaumain-
kai 35
60594 Frankfurt am Main
0162 4353304
www.meral-event.de

TÜRKISCHER GRILL AUF DEM MAIN

Dönerboot *Merals Imbiss*

Die Idee brachte Ramiz Meral aus Istanbul mit: Ein mobiler Dönergrill auf einem Schiff am Flussufer. Solch seltene, zugleich sympathische Geschäftsideen verbunden mit Sachkenntnis und Durchsetzungsvermögen führen unweigerlich zum Erfolg. Meral ist seit 30 Jahren in Deutschland, ein kommunikativer Mensch, der seine Frankfurter kennt und sich hier sehr wohl fühlt. Sein einziges Problem: Das wechselhafte Wetter.

Seit sieben Jahren von März bis Oktober legt sein Dönerschiff mittags gegen 12 Uhr am Sachsenhäuser Ufer an. Sie finden ihn gegenüber des Weltkulturen-Museums (Schaumainkai 29–37). Dort verkauft er bis 1 Uhr nachts Döner, Lahmacun, Börek und Köfte. Sein Doradenfilet im Fladenbrot (Cupra) ist stadtbekannt. Ramiz Meral ist eben kein Standard-Mensch. Bei ihm muss es immer etwas Besonderes sein.

Wenn dann am frühen Abend die Kinder vor seinem Anlegeplatz herumtollen, Studenten und schicke Banker auf dem Heimweg bei ihm einkehren und die Schwäne zu Besuch kommen, dann ist er in seinem Element. »Das ist eine multikulturelle soziale Einrichtung«, sagt er selbst über sein Schiff. Türkische Musik dringt aus dem Inneren, während der Bug, voll mit Grünpflanzen und Kräuterkästen, eher an deutsche Kleingartenidylle erinnert. Multikulti eben.

Sitzplätze gibt es nicht, die Rasenfläche auf dem Tiefkai bietet genug Möglichkeiten, sich niederzulassen. Ein paar Findlinge, Stehtische und Merals Profi-Picknickdecke vervollständigen das Bild. Ansonsten gibt es jede Menge nette Leute und leckeres Essen auf der Hand. Ramiz Merals gute Laune steckt an. Lediglich bei schlechtem Wetter zieht er manchmal ein langes Gesicht. Trotzdem: Er ist von seiner Idee überzeugt: »Einzigartig in ganz Europa!«, sagt er. Mit Ausnahme von Istanbul. Und so muss natürlich auch sein Schiff heißen: Istanbul. Die Liebe zur alten Heimat schwingt mit.

Falls Sie mit dem Motorboot auf dem Main unterwegs sind, können Sie an der Flussseite bei Merals Imbiss anlegen und sich direkt von Schiff zu Schiff bedienen lassen.

39

Zum Lahmen Esel
Krautgartenweg 1
60439 Frankfurt am Main
069 573974
www.lahmer-esel.de

ALLES ANDERE ALS TRÄGE

Apfelweinlokal *Zum lahmen Esel*

Sie kennen den *Lahmen Esel* nicht? Die U-Bahn bringt Sie in 20 Minuten von der Frankfurter Innenstadt zur Haltestelle Niederursel und so direkt vor die Tür. Damit gibt es keine Ausrede mehr, den historischen Gasthof und das Viertel nicht zu besuchen. Nutzen Sie Ihr Kommen, um zusätzlich ein wenig durch den Stadtteil am Urselbach zu spazieren. Es lohnt sich.

Der Ortskern bildet das größte geschlossene Ensemble denkmalgeschützter Gebäude in Frankfurt. In dieser geschichtsträchtigen Kulisse können während eines kurzweiligen Spaziergangs Hofreiten, alte Mühlen und Fachwerkhäuser, deren Ursprünge bis in das frühe 16. Jahrhundert zurückreichen, entdeckt werden. Darüber hinaus wirklich Kurioses: Niederursel besitzt gleich zwei Rathäuser und eine Prangerkette, an der tagsüber einst Bösewichte zum Gespött der Leute abgekettet wurden. Der ehemalige Daimler-Chef, Dieter Zetsche, verbrachte im Übrigen in diesem Viertel seine Kindheit.

Der *Lahme Esel*, in einem barocken Fachwerkhaus aus dem 18. Jahrhundert beheimatet, gehört zu den über 70 eingetragenen Kulturdenkmälern in Niederursel. 1807 wurde er zum ersten Mal als Gasthof erwähnt. Heute lockt er bei Gäste aus der Nachbarschaft und der ganzen Region an.

In der Freiluftsaison verweilt man im idyllischen Garten unter altem Baumbestand. Es fällt schwer zu sagen, für wen der hauseigene Spielplatz ein größerer Segen ist – für die tobenden Kinder oder die entspannten Eltern. Bei schlechtem Wetter sitzt man unter überdachter Terrasse oder in einer der Wirtsstuben. In der Vorweihnachtszeit kann zusätzlich eine *Almhütte* im Garten reserviert werden. Auf der Karte befinden sich die für ein Apfelweinlokal typischen regionalen und gutbürgerlichen Speisen. 2008 gewann man damit den hessischen Gastronomiepreis als bestes Apfelweinlokal.

Der Mühlenwanderweg führt von Oberursel nach Frankfurt durch das Urselbachtal. Auf dieser Strecke entlang des Urselbachs können 41 Mühlen nachgewiesen werden. Schautafeln bieten Informationen über Fauna, Flora und die Geschichte der Mühlen.

40

Luginsland Skyline Restaurant im Fleming's Selection Hotel
Eschenheimer Tor 2
60318 Frankfurt am Main
069 4272320
www.flemings-hotels.com

Godmother und Paternoster

Luginsland Skyline Restaurant

Beim Betreten des *Fleming's Selection Hotel* hält Ihnen ein in Livree gekleideter Portier die Tür auf, freundlich aber ohne Deluxe-Ambitionen. Dann empfängt Sie ein 50er-Jahre Treppenhaus, das typischer nicht sein könnte. Alle in dieser Zeit Aufgewachsenen fühlen sich sofort in ihre Jugendzeit versetzt. Direkt daneben einer der letzten Paternoster. Nutzen Sie diesen auf dem Weg in die siebte Etage – ein Erlebnis! Mindestens so beeindruckend wie der Abstieg durch das Treppenhaus.

Das früher sogenannte Bayer-Hochhaus mit dem charakteristischen Pultdach entstand 1952 als eines der ersten Verwaltungshochhäuser in Frankfurt. Die Farbenfabriken Bayer-Leverkusen ließen damals den Paternoster einbauen, der die Angestellten in den Speisesaal im siebten Stock brachte. Der Saal existierte bis in die 90er-Jahre und trug wegen seines wunderschönen Ausblicks den Namen Luginsland. Heute können Sie diesen Blick immer noch genießen: im *Luginsland Skyline Restaurant*. Dort sehen Sie an einem heißen Sommerabend den Feldberg und die Hügel des Taunus in das glutrote Licht der Abendsonne getaucht. Wenden Sie sich nach links, so öffnet sich das atemberaubende Panorama der Frankfurter Skyline: Bankenhochhäuser, Kirchtürme, ein Teil der Alten Oper und – direkt vor Ihnen – der Eschenheimer Turm. Genießen Sie den Anblick, zusammen mit einem liebevoll zubereiteten Cocktail, zum Beispiel einer »Godmother« (Wodka und Amaretto) oder einem kühlen Bier. Während rechts der Taunus ins Dunkel der Nacht versinkt, wacht links die Stadt auf, Lichter erstrahlen, Menschen sammeln sich auf den Plätzen unter Ihnen, Frankfurt beginnt zu leben. Dieser Lieblingsplatz ist fast ein Muss, nicht nur für Besucher, sondern auch für Einheimische, die vielleicht schon Hunderte Male in der täglichen Hektik das Eschenheimer Tor passiert haben.

Jeden Sonntag offeriert das *Luginsland Skyline Restaurant* einen phänomenalen Brunch mit Spezialitäten vom Lavasteingrill und aus dem Wok.

41

Long Island Summer Lounge
(Sommer)
Kaiserhofstraße 12
60313 Frankfurt am Main
0151 61509889
www.longislandsummer-lounge.de

DER STRAND AUF DEM PARKHAUS

Long Island Summer Lounge

Eine coole Location für Partypeople, trendige Paare mit Kind und After-Work-Feierbiester. Zu relativ früher Zeit am Nachmittag kann aber auch ein Single-Besucher, der in Ruhe einen Mojito trinken will (Klasse!), zu seinem Recht kommen. Man sitzt auf einem der zahlreichen Barhocker, auf der Outdoor-Couch, im Liegestuhl oder im lässigen »Armchair«, lässt die Zeit an sich vorüberziehen und genießt das Leben.

Der Zugang zur Long Island Summer Lounge erfolgt durch das Parkhaus Börse, mit dem Aufzug zum Parkdeck 6, von dort zu Fuß auf Parkdeck 7. Der Lounge-Betreiber verlangt Eintritt, ein Cocktail kostet knapp 10 Euro, das griechisch orientierte Essen liegt zwischen 10 und 15 Euro. Ein kompletter Feier-Abend kann sich also leicht auf 50 Euro pro Person summieren. Die Lounge ist es jedoch wert. Dem Personal gelingt es jederzeit, auf den 1.700 Quadratmetern eine Wohlfühlatmosphäre herzustellen. Die Musik ist mittels zahlreicher Lautsprecherinseln gut verteilt, Hip-Hop und Loungemusik sind auch für Best Ager gut verträglich. Mehrere Bars und eine Grillstation laden ein, alles im Selbstbedienungsmodus, was nicht stört. Bedient wird nur in der Lufthansa-Lounge unter der großen Markise, die Sitzmöbel sind exklusiv, man trinkt Champagner – die Flasche für 95 Euro aufwärts – und die Fluglinie ist als Sponsor omnipräsent. Nebenan planschen die Kinder in einem kleinen Wasserbecken, Eltern auf dicken Sitzkissen verbinden Kinderbetreuung mit chilligem Lebensgefühl.

Nach Südwesten schweift der Blick über die Bankentürme und die Alte Oper, in der Gegenrichtung bleibt er leider an der Wand der Volksbank hängen, die sich penetrant werbend in den Abend einzubringen versucht.

Die Gesamtfläche kann für Feiern jeder Art individuell aufgeteilt werden. Nur eine Einschränkung ist zu beachten: Mehr als 1.000 Gäste passen nicht auf Parkdeck 7.

»Schland!« Eine große Bildwand verspricht Spaß bei wichtigen Sportereignissen, für genügend Bier ist natürlich gesorgt.

42

Kameha Suite Frankfurt
Taunusanlage 20
60325 Frankfurt am Main
069 4800370
www.kamehasuite.de

EDLES AMBIENTE IM POMPÖSEN ALTBAU

Kameha Suite

Haben Sie eine Vorliebe für historische Gebäude? Dann dürfte es Sie freuen, dass nicht alle prunkvollen Villen der Stadt von Kanzleien, Banken und Beratern gemietet und somit dem Publikumsverkehr verwehrt sind. Unweit der Alten Oper, im mondänen Westend gelegen, finden Sie in der *Kameha Suite* eine dieser großen Ausnahmen. Das Attribut »groß« können Sie ruhig wörtlich nehmen. Das Gebäude der ehemaligen Versicherungsgesellschaft Providentia aus dem Jahre 1898 wird nach dem späteren Besitzer gerne als Allianz-Villa bezeichnet. Schon die Fassade beeindruckt, mit ihrem Stilmix aus Klassizismus und Barock. Das Ambiente im Inneren übertrifft die Erwartungshaltung, die das Äußere bei den Besuchern hervorzurufen vermag. So bleiben Gäste regelmäßig im Foyer stehen und schauen eingeschüchtert nach oben. Eine gewaltige Kuppel, Marmorsäulen, Stuck in Hülle und Fülle sowie eine ungewöhnliche räumliche Großzügigkeit lassen das Gebäude prunkvoll, aber auch eigenartig leicht erscheinen. Das gewaltige Treppenhaus führt Sie in Hollywoodmanier nach oben. Eine Mischung aus aufsehenerregender Architektur, stilvoller und zugleich farbenfroher Inneneinrichtung sowie gehobener Gastronomie erwartet den Besucher in den nächsten Stockwerken.

Sind Sie hier zum Sehen und Gesehenwerden, so sollten Sie einen Platz im Atrium für sich reservieren. Hier genießen Sie im Restaurant *Next Level* ein unvergessliches Erlebnis, zum Jahrestag, zum runden Geburtstag oder einfach so. Aber nicht nur die Schönen und Reichen aus dem Bankenviertel verkehren hier. Auch ohne Anzug und Krawatte können Sie sich hier wohlfühlen. Das überaus freundliche Personal verdient stets ein Extralob. Dass so viel Charme nicht verborgen bleibt, zeigen vielfältige Auszeichnungen, die sich auf der Homepage wiederfinden. Überzeugen Sie sich selbst vor Ort.

Im Sommer sitzen Sie auf der rückseitigen Terrasse weniger mondän als im Haus, können dafür unter freiem Himmel den Sonnenuntergang genießen.

43

Gasthaus Zum Lemp
Berkersheimer Obergasse 12
60435 Frankfurt am Main
069 95411616
www.zumlemp.de
www.lempenfieber.de

Reit- und Fahrverein Niddertal e. V.
Am Hohlacker 30
60335 Frankfurt am Main
069 7554579
www.ruf-niddertal.de

»Frankfurt endet nicht im Nordend!«

Gasthaus *Zum Lemp*

Vermutlich finden nicht einmal alle Einheimische Berkersheim auf der Karte, oder sie waren noch nicht persönlich vor Ort. Mit dem Auto kommt man keineswegs zufällig vorbei, im nach Einwohnern kleinsten Stadtteil Frankfurts. Nicht nur deshalb empfehlen wir den Besuch mit dem Rad. Am besten verbindet man diesen mit einer Tour entlang der Nidda.

Fast schon pittoresk schmiegt sich das über 1.200 Jahre alte Berkersheim an den erstaunlich steilen Hang der Nidda im Nordosten der Stadt. So steil, dass getrost vom Rad abgestiegen werden kann. Der mühsame Anstieg wird mit einem ausgezeichneten Blick über das Tal bis in den Taunus belohnt. Die gesamte Szenerie, mit dem eher ländlichen Berkersheim und dem weiten Blick über Felder und Wiesen, erinnert mehr an ein liebenswertes Dorf als an eine Großstadt. Es beschleicht einem beim Flanieren durch die Gassen das Gefühl, hier kennt jeder jeden. Aber man empfindet dies nicht unangenehm oder sich nicht willkommen.

Sind die Höhenmeter gemeistert, hat man sich eine Einkehr im Traditionslokal *Zum Lemp* redlich verdient. Bei gutem Wetter werden die Plätze im Außenbereich schnell knapp, vor allem an einem Tag mit Livemusik. Die Speisekarte überzeugt durch ihre Schlichtheit. Geboten werden Frankfurter und deutsche Spezialitäten. Hier legt man Wert auf Frische sowie Zutaten von Bauern aus Berkersheim und der Region. Einfach auf einen Äppler einzukehren ist natürlich auch möglich.

Nicht nur der Körper, auch der Geist wird bestens versorgt. Das freie Theater *Lempenfieber* öffnet hier seit 2011 im Saal des Gasthaus *Zum Lemp* seinen Vorhang. Das Programm bietet vorrangig Eigenproduktionen mit regionalem Bezug. Professionelle Schauspieler aus dem Rhein-Main-Gebiet, die man als Theatergänger von anderen Spielstätten kennt, unterhalten mit Komödien und Kabarett.

Pferdefreunde kommen jährlich am 1. Mai auf ihre Kosten, wenn der Reit- und Fahrverein Niddertal seine Türen mit einem besonderen Programm für Besucher öffnet.

NATUR UND GRÜN

44

Der Marshallbrunnen im **Anlagenring**

Startpunkt: Literaturhaus
Schöne Aussicht 2
60311 Frankfurt am Main
069 7561840
www.literaturhaus-frankfurt.de

Endpunkt: Städtische Bühnen
Untermainanlage 11
60311 Frankfurt am Main
069 21237000
www.buehnen-frankfurt.de

SPAZIERGANG AUF DEM ALTEN WALL

Anlagenring

Unter dem Begriff Anlagenring verstehen die Autofahrer eine mehrspurige Ringstraße, auf der man die Innenstadt in einem weiten Halbkreis umrunden kann. Der historisch geneigte Fußgänger hingegen sieht den Anlagenring als Grüngürtel auf den Resten des ehemaligen Schutzwalls, der 1804 zur innerstädtischen Promenade erklärt wurde. 1827 wurde das sogenannte »Wall-Servitut« erlassen, das bis heute eine Bebauung der Wallanlagen verbietet. Ein Spaziergang über diesen fünf Kilometer langen Grünstreifen ermöglicht einen neuen Blick auf die Stadt, vollkommen anders als derjenige von der parallel verlaufenden Ringstraße. Sie werden überrascht sein von den mannigfaltigen historischen Orten: Etwa 60 Denkmäler, Statuen und Brunnen können Sie entdecken, teils imposant präsentiert, teils im Verborgenen schlummernd. Simon Moritz von Bethmann kann Ihnen begegnen, auch Philipp Reis, Ludwig Börne oder Arthur Schopenhauer, Lessing, Heine, Schiller und Beethoven.

Ihre Stadtwanderung beginnt an der Obermainanlage beim Literaturhaus, zieht sich über die Friedberger Anlage, vorbei am Bethmannpark mit dem chinesischen Garten bis zur Eschenheimer Anlage. Achten Sie auf das Maurische Haus, Ecke Blumenstraße, das minarettähnliche Ecktürme besitzt und 1857 unter nie vollends geklärten Umständen von einem Frankfurter Maurermeister erbaut wurde. Nahe dem Eschenheimer Turm befindet sich der Tiefgarten – eine wahre Ruheoase. Richtung Alte Oper wandern Sie entlang der Bockenheimer Anlage, ein Kleinod wird Ihnen begegnen: das Nebbiensche Gartenhaus (1810). Nach dem Opernplatz geht es Richtung Bankenviertel, in der Taunusanlage plätschert der Marshallbrunnen (1963). Mit der Gallusanlage endet die Promenade nahe den Städtischen Bühnen, ein kleiner Sprung über die Untermainanlage bringt Sie wieder zurück an den Main zum berühmten Nizza.

Klein aber fein, in einen Pflasterstein eingelassen: Suchen Sie das Pfennigdenkmal! Vielleicht in der Nähe der Banken. Oder eher bei den Bänken?

45

Bethmannpark und Garten des himmlischen Friedens

Berger Straße 12
60316 Frankfurt am Main

EIN PARK OHNE HUNDE UND RADFAHRER

Bethmannpark und chinesischer Garten

An einem sonnigen Herbstnachmittag betrete ich den Bethmannpark. Eine außergewöhnliche Atmosphäre empfängt mich. Der Park ist voller Menschen, ältere Frankfurter, Schachspieler, Eltern mit Kleinkindern und Lesende. Die Mischung passt, man akzeptiert sich und gönnt sich den Platz in der Sonne. Rentner stehen in kleinen Gruppen zusammen, die Schachspieler diskutieren angeregt – ohne laut zu werden – über den letzten Zug, Kleinkinder tapsen unbeholfen über die Wege, in der kleinen Pagode im chinesischen Garten tanzt ein Paar versunken zu leise schwingender Musik.

Der chinesische Garten, auch *Garten des himmlischen Friedens*, ist durch eine Mauer abgetrennt, wirkt aber überraschenderweise nicht als separater Bereich oder gar wie ein Fremdkörper. Er gehört einfach dazu. Nachdem die große Pagode 2017 – ebenso wie der alte Goetheturm – einem Brandanschlag zum Opfer fiel, wurde sie mithilfe chinesischer Handwerker wieder aufgebaut. Hier dominieren Bambus und Wasser, jedoch nicht in der strengen koreanischen Form wie im Grüneburgpark, sondern eher locker, naturwüchsig, Europäischer. Von der Grotte mit dem Wasserfall gelange ich über die Trittsteine zur großen Pagode in der Teichmitte. Auf einer der Steinbänke sitzend komme ich mit einer jungen Mutter ins Gespräch. Sie berichtet, dass sie gerne hierher kommt, weil der Bethmannpark für Hunde und Radfahrer tabu ist.

Der Bethmannpark liegt sehr zentral zwischen Friedberger Landstraße und Unterer Berger Straße. Er ist mit 3 Hektar nicht besonders groß und wurde 1783 von der Bankiersfamilie Bethmann als Hausgarten vor den Toren Frankfurts errichtet. 1941 kaufte die Stadt das Gelände und verwandelte es von einem Patriziergarten in einen städtischen Park. Der Name Bethmann blieb jedoch erhalten, die Koexistenz von Bürgertum und Geldadel ist für die Frankfurter selbstverständlich. Die Koexistenz von Bänken und Banken sowieso.

Jeden Montag, Mittwoch und Freitag können Hobbygärtner die Pflanzenberatung neben dem Nordeingang in Anspruch nehmen.

46

Palmengarten
Siesmayerstraße 61
60323 Frankfurt am Main
069 21233939
www.palmengarten.de

Botanischer Garten
Siesmayerstraße 72
60323 Frankfurt am Main
069 21239058
www.botanischergarten-
frankfurt.de

BUFFALO BILL UNTER PALMEN

Palmengarten

Wie so manche Attraktion in Frankfurt wurde auch der Palmengarten durch eine Bürgerstiftung ins Leben gerufen. So können sich Besucher seit 1871 auf eine botanische Weltreise begeben, ganz ohne Strapazen. Die Reise beginnt im historischen Schauhaus von 1905. Hier befindet sich die Kasse, und im ersten Stock die fleischfressenden Pflanzen. Wandeln Sie nach Belieben auf dem 29 Hektar großen Gelände umher. Es ist überall sehenswert. In Freiflächen und klimatisierten Gewächshäusern finden Sie tropische und subtropische Pflanzen aus allen Teilen der Erde. Im weltweit einzigen Subantarktishaus kann die Flora der kühl-gemäßigten Zonen bestaunt werden. Beliebt ist das Palmenhaus aus dem Jahre 1869, das älter ist als der Garten. Die Pflanzenwelt wird hier nicht bloß mit dem Auge erfasst. Imposante Palmen, Farne und Riesenstauden wuchern in die Wege, sodass körperliche Interaktionen unumgänglich sind und auch gewollt erscheinen. Hier erleben Sie den wahren Großstadtdschungel. Durch die verschiedenen Blühzeiten und wechselnde Ausstellungen lohnen mehrere Besuche im Jahr.

Viel wurde in den 1980er-Jahren getan, um aus dem Palmengarten ein Paradies für Familien zu formen. Heute gibt es ein vielfältiges Programm, extra auf Kinder zugeschnitten. Ein großer Spielplatz mit interaktiven Wasserspielen, ein See zum Bötchenfahren, eine Eisenbahn, für die Kleinen eine grüne Kinderbetreuung und für die Größeren ein buntes Ferienprogramm. Weitere Attraktionen sind das Blütenhaus, der Rosengarten und das Gesellschaftshaus. Ein besonderer Höhepunkt für Groß und Klein ist das seit 1931 jährlich stattfindende Lichter- und Rosenfest mit buntem Feuerwerk. Die Karten sind schnell vergriffen. Auch Buffalo Bill hat hier 1890 mit seiner 200 Mann starken Wildwestshow Station gemacht. So konnte man sich die mühselige Reise in den Wilden Westen sparen.

Bei freiem Eintritt bietet der Botanische Garten hinter dem Palmengarten mit rund 5.000 Freilandpflanzen eine kleine und feine Alternative.

47

Hauptfriedhof
Eckenheimer Landstraße 194
Altes Portal:
Ecke Nibelungenallee/
Eckenheimer Landstraße
60320 Frankfurt am Main
069 21234646
www.frankfurter-haupt-
friedhof.de

ZUM STERBEN SCHÖN

Hauptfriedhof

Es mag Sie verwundern, einen Friedhof unter unseren ausgewiesenen Lieblingsorten zu finden. In der Regel versucht man den frühzeitigen Besuch solch einer Stätte hinauszuzögern. Betritt man jedoch den Frankfurter Hauptfriedhof, bevorzugt durch das klassizistische alte Portal, erschließt sich einem der Zauber dieses Ortes schon nach wenigen Schritten.

Der im Jahre 1828 eröffnete Hauptfriedhof wurde im Stile eines englischen Landschaftsparks angelegt, um den Menschen mehr als reine Begräbnisstätte zu sein. Mit seinen verschlungenen Wegen, wunderschönem altem Baumbestand und seinen künstlerisch gestalteten Gräbern lohnt ein Spaziergang zu jeder Jahreszeit. Schopenhauer, Adorno, Hoffmann, der Autor des *Struwwelpeter*, und – nicht zu vergessen – der Arzt Dr. Alzheimer sind nur einige der hier ruhenden Persönlichkeiten. Mit insgesamt 60.000 Gräbern, darunter 900 denkmalgeschützt, und einer Fläche von über 70 Hektar zählt der Frankfurter Hauptfriedhof zu den größten in Deutschland. Auf über 60 Kilometern Wegstrecke treffen Sie neben Grabbesuchern auch Spaziergänger und Jogger, die die Ruhe und besondere Atmosphäre dieses Ortes zu schätzen wissen. Nehmen Sie sich zwei bis drei Stunden Zeit für einen Spaziergang durch den historischen Teil, gerne auch mehr. Verweilen Sie im arkadenartigen Gruftenweg, umrunden Sie das Mausoleum Reichenbach-Lessonitz, eine im byzantinischen Stil erbaute Familiengruft, und stoßen Sie beim Schlendern auf andere Monumentalbauten und beeindruckende Gräber. Auch ohne Kenntnis der Frankfurter Geschichte wird Sie dieser romantisch-melancholische Ort in seinen Bann ziehen. Verlassen Sie den Friedhof durch das neue Portal vorbei an der Trauerhalle, ein Prachtbau des sogenannten Eklektizismus, einem Stilmix verschiedener Epochen. Ganz passend, wenn man bedenkt, dass dies dem Bild des Friedhofs entspricht.

Übrigens leitet sich das Wort Friedhof nicht von »in Frieden ruhen« ab, sondern von einer Einfriedung, die die Gräber vor wilden Tieren schützte.

48

Hängebuche im Grüneburgpark
Am Park-Café im Grüneburgpark
August-Siebert-Straße
60323 Frankfurt am Main
0176 60832490

Koreanischer Garten im Grüneburgpark
August-Siebert-Straße
60323 Frankfurt am Main
www.frankfurt.de

UNTER GRÜNEM DACH

Hängebuche im Grüneburgpark

Eigentlich ist der gesamte Grüneburgpark mit seinen anmutigen grünen Hügeln, die an eine irische Landschaft erinnern, einer unserer Lieblingsplätze. Dennoch wollen wir etwas spezifischer werden und Ihnen einen bestimmten Sitzplatz ans Herz legen: Lassen Sie sich nieder auf den knorrigen Wurzeln der großen Hängebuche nahe des Park-Cafés. Das grüne Blätterdach dient – je nach Wetter – als Sonnen- oder Regenschirm.

Die langen hängenden Äste reichen bis zum Boden und lassen pfortenähnliche Öffnungen frei, über die Sie diesen Platz erreichen. Der Innenraum bietet Platz für 30–40 Personen, aber am Schönsten ist es natürlich zu zweit. Mit dem Liebsten. Oder der Angebeteten. Über kleine Lücken im Geäst erhaschen Sie einen Blick nach Westen auf die herrliche Parkanlage, nach Norden auf eine Reihe alter breitarmiger Bäume, dazwischen ragt wie ein ferner Riesenspargel der Fernsehturm heraus. Im Osten sehen Sie das I.G.-Farben-Haus und im Süden den 1820 erbauten ehemaligen Schönhof-Pavillon, der heute unter Denkmalschutz steht und das Park-Café beherbergt. Sehr zu empfehlen: Himbeer-Joghurt-Sahnetorte!

Sie erreichen das Park-Café über die verlängerte August-Siebert-Straße, linkerhand etwa 50 Meter in den Park hinein. Genau gegenüber befindet sich der Koreanische Garten mit dem Morgentaupavillon, der leider – ebenso wie der Goetheturm und die Pagode im chinesischen Garten – einem Brandanschlag zum Opfer gefallen und seitdem nicht mehr begehbar ist. Rundherum der Grüneburgpark, 1845 im englischen Stil von der Familie Rothschild auf dem Gelände des ehemaligen Guts Grüneburg angelegt, mittendrin eine asiatische Insel mit vielen Plätzen zum Meditieren – so gesehen passen beide Gartenanlagen gut zusammen, denn an einem wolkenverhangenen Tag mit relativ wenigen Menschen im Park lässt sich auch unter der großen Hängebuche vortrefflich meditieren. Über das, was die Welt im Innersten zusammenhält.

Die Stadt Frankfurt schenkt Ihnen einen Baum. Interesse? Info am Umwelttelefon: 069/21239100.

49

Frankfurter Zoo
Bernhard-Grzimek-Allee 1
60316 Frankfurt am Main
069 21233735
www.zoo-frankfurt.de

Zoologische Gesellschaft Frankfurt von 1858 e.V.
Bernhard-Grzimek-Allee 1
60316 Frankfurt am Main
069 9434460
www.fzs.org/de/

EIN TIERISCHES VERGNÜGEN

Frankfurter Zoo

Die Flamingos, die leuchtend rosa am Eingang standen, sind schon lange fort. Auch Baroda, die letzte Elefantendame. Eine artgerechte Haltung war in den kleinen Gehegen nicht mehr möglich. Als der Zoo 1858 durch Frankfurter Bürger gegründet wurde und 16 Jahre später an die heutige Stelle zog, befand sich hier eine große, freie Weidefläche. Doch die Stadt wuchs schnell. Eine räumliche Ausdehnung ist heute leider nicht mehr möglich. Dennoch weiß der zweitälteste Zoo Deutschlands und einer der ältesten der Welt mit einer Vielfalt von rund 500 Tierarten Groß und Klein zu begeistern.

Eine Fläche von nur 11 Hektar bei der höchsten Tierdichte aller deutschen Zoos bringt auch ungeahnte Vorteile mit sich. Wenn Sie einen Spaziergang durch dieses grüne Areal mit alten Bäumen und großem Teich hinter sich gebracht haben, besteht die Chance, alle Gehege ohne Blessuren an den Füßen gesehen zu haben. Aber auch erfahrenen Zoobesuchern gelingt es nicht immer, alle Tiere dabei anzutreffen. Was Sie aber auf keinen Fall versäumen dürfen, ist das Nachttierhaus. Das größte seiner Art in Europa. Kinder lieben es, aus der Dunkelheit heraus die eher kleinen süßen Tiere wie Wüstenfuchs und Fledermaus bei ihrem nächtlichen Treiben zu beobachten. Überhaupt ist in den Tierhäusern und Freigehegen viel zu sehen. Nicht nur das bekannte Exotarium mit Aquarien, Spinnen und Reptilien bietet naturnahes Erleben, auch das Freiflug-Vogelhaus, der Katzendschungel, der Bogori-Wald für Menschenaffen sowie die 2019 eröffnete Freianlage für Humboldt-Pinguine sind sehenswert. Wollen die Kinder es den Affen gleichtun, dann legen Sie eine Pause auf dem Spielplatz ein. Hier findet sich alles zum Klettern, Rutschen und Toben. Haben Sie noch Zeit, dann können Sie den Tieren im Streichelzoo auf den Pelz rücken und die Show bei der Robbenfütterung verfolgen.

Sie finden auf der Homepage des Zoos viele Sonderveranstaltungen wie nächtliche Expeditionen mit Lagerfeuer für Kinder, Lesungen und Etliches mehr.

50

Entlang der Nidda
Startpunkt: Petri Haus
Am Rödelheimer Wehr 15
60489 Frankfurt am Main
069 78078488
www.petrihaus-frankfurt.de

Solmspark
Auf der Insel
60489 Frankfurt am Main

Romantische Flusslandschaft

Entlang der Nidda

Die Nidda ist mehr als die kleine Schwester des Mains. Ist das Mainufer dazu ausgelegt, vielen Menschen Erholung und Möglichkeiten zum Flanieren zu bieten, zeigt sich die Nidda eher von einer natürlichen, stillen Seite. Auf ihrer 90 Kilometer langen Reise vom Vogelsberg in den Main bei Höchst fließt sie auf rund 18 Kilometern Länge durch Frankfurt. Seit den 90er-Jahren des letzten Jahrhunderts ist man bemüht, die Bausünden, die zu einer Kanalisierung des Flusslaufs führten, rückgängig zu machen. Einige Abschnitte sind bereits vollendet, andere sollen folgen. Durch die Renaturierung ist der Fluss und sein Ufer wieder zu einem Lebensraum für Pflanzen und Tiere geworden. Bäume, die ins Wasser ragen, 20 Fischsorten, Sumpfschildkröten und Flusskrebse sind erste Erfolge auf dem Weg zur Ursprünglichkeit. Auf dem größten Teil des Streckenverlaufs können Sie sich auf Wegen direkt am Ufer davon ein Bild machen. Wir empfehlen hierfür das Rad und viel Zeit für Pausen.

Sie erhalten entlang der Nidda viele Gelegenheiten, nett einzukehren oder sich in dichtem Grün niederzulassen. Besonders angetan sind wir vom Flussabschnitt durch Rödelheim. Verzweigte Nebenarme bilden eine kleine Insellandschaft mit malerischen Ecken. Hier berührt die Nidda zwei Parks. Den 1770 entstandenen Brentanopark mit dem historischen Petrihaus und den unter Denkmalschutz stehenden Solmspark. Aber auch Flusswanderer in Booten sieht man auf der Nidda. Das entschleunigte Treiben entlang ursprünglicher Flussabschnitte ermöglicht in eine Welt abzutauchen, die fernab des Ballungsraums Frankfurt scheint. Auf dem Weg zur Mündung geben weite Felder und Wiesen den Blick auf den Taunus frei. Sollten Sie Interesse verspüren, mehr Wasserlandschaften zu entdecken, so bietet Frankfurt mit über 90 Flüssen, Bächen sowie Seen, Teichen und Tümpeln dazu reichlich Gelegenheit.

Begeistert Sie innovative und zugleich traditionelle Handwerkskunst? Schauen Sie beim Frankfurter Uhrenunternehmen *Sinn* Im Füldchen 5 vorbei (www.sinn.de).

51

Alter Flugplatz Bonames
Am Burghof 55
60437 Frankfurt am Main

Beliebtes Ausflugsziel für Radfahrer

Alter Flugplatz

Maurice Rose war ein US-General, der im Kampf gegen Hitler fiel. Auf dem nach ihm benannten ehemaligen Militärflughafen geht es heute friedlich zu. Das Gelände wurde bis 1992 von einer US-Hubschrauberstaffel genutzt und gehört seit 2003 der Stadt Frankfurt. In den Jahren nach der Stilllegung hat das Umweltamt Flächen entsiegelt, umgestaltet und begrünt, ein komfortables Wegenetz angelegt und eine Brücke über die Nidda bauen lassen, um Anschluss an den Nidda-Radwanderweg zu bekommen. Die Einrichtungen im Überblick:

1. *Tower-Café* im ehemaligen Flughafen-Tower (www.tower-cafe.de): Jazzkonzerte, Flohmarkt, Kunsthandwerk, Lesungen, Apfel(saft)fest
2. *Feuerwehrmuseum* (www.feuerwehrmuseum-frankfurt.de)
3. *Naturschule Hessen* (www.naturschule-hessen.de): Lehrveranstaltungen wie die *Piepshow, Ansichten eines Fischs, Heilpflanzen, Ein Fluss im Wandel der Zeiten*
4. *Aeronauten-Werkstatt* im alten Hangar (www.aeronauten.org): Wasserraketen-Flugtag, Vogeldrachen-Workshop, Flossenantriebe

Der alte Flughafen ist 77.000 Quadratmeter groß, gehört zum Frankfurter Grüngürtel und zieht sich entlang des Niddaufers. In Teilen des Geländes wuchert das Grün in urwüchsiger Weise, Brombeerhecken kriechen schlangengleich über den Weg, es summt und surrt in allen Ecken, Schmetterlinge und Eidechsen zeigen sich, Erinnerungen an die Kindheit in den 60er-Jahren werden wach. Die verbliebene Start- und Landebahn eignet sich hervorragend zum Skaten und Fahrradfahren. So mancher kleine Knilch hat hier das Radfahren gelernt. Jedes Jahr im August heißt es »Bonames hebt ab«. Dann steigen zahlreiche bunte Heißluftballons in den Himmel, die einzigen Fluggeräte die sich vom Maurice Rose Airfield noch in die Lüfte erheben dürfen. Argwöhnisch beobachtet von Mauerseglern, Schwalben und anderen Flugkünstlern.

Sie erreichen den Alten Flugplatz Bonames über den Nidda-Radweg, der sich auf 95 Kilometern von der Quelle bis zur Mündung erstreckt (www.niddaroute.de).

52

Ökohaus
Kasseler Straße 1
60486 Frankfurt am Main
www.oeko-net.de

Restaurant Arche Nova
Im Ökohaus
Kasseler Straße 1
60486 Frankfurt am Main
069 7075859
www.restaurant-
archenova.de

SEINER ZEIT WEIT VORAUS

Ökohaus am Westbahnhof

Die Straße vor dem Haus Kasseler Straße 1 wirkt zunächst wenig einladend, denn sie schließt direkt an den Vorplatz des Westbahnhofs an: menschengemachte Hektik, eine Hochbrücke, lautes Schienengerumpel und eng gedrängte Parkplätze. Doch je näher man dem *Ökohaus* kommt, desto mehr zieht es einen aus der Alltagsumgebung heraus, hinein in eine von Grün und Licht bestimmte, besonnene Atmosphäre.

Eine riesige Trauerweide dominiert das Gebäude von außen, Glas, Metall und Grünpflanzen von innen. Der Eingangsbereich wird von einem hohen Foyer mit großen Fensterflächen und einem kleinen Bachlauf geprägt. Man fühlt sich von der Natur umarmt, vom Himmel geliebt und von den Mitmenschen wohlgelitten. Sonnenschein und blauer Himmel tragen ihren Teil zu dem Wohlgefühl bei.

Das *Ökohaus* wurde 1992 bezogen und war damals mit dem »grünen« Konzept seiner Zeit weit voraus. Selbst heute noch kann man es angesichts der Klimadebatte als Vorzeigeprojekt bezeichnen. Fast die Hälfte der überbauten Fläche ist von begrünten Terrassen und Dachgärten abgedeckt. Das Gebäude ist größer, als es zunächst den Anschein hat: Die vermietete Fläche beträgt 6.200 Quadratmeter. Die Mieten der *Kühl KG* sind für eine Großstadt moderat, die Warteliste der Interessenten ist lang.

Passend zum Namen und zum Image des Hauses haben sich viele Sozialverbände und ökologisch orientierte Firmen niedergelassen. Auch Arztpraxen und Rechtsanwälte sind eingezogen. Die Tagungsräume können zudem von Externen belegt werden (www.ka-eins.de). Eine Brauchwasserzisterne, Versorgung mit Ökostrom, die eigene Energieerzeugung und das baubiologische Konzept machen das Gebäude selbst zum ökologischen Faktor. Es mag seltsam klingen, aber als wir das Haus betreten, haben wir den Eindruck, nur gut gelaunten Menschen zu begegnen.

Mit seinen persische Spezialitäten, den vegetarischen und veganen Gerichten sowie gegrilltem Huhn und Lamm stellt das Restaurant *Arche Nova* eine glaubhafte Ergänzung zur naturbezogenen Grundidee des Ökohauses dar.

58

Rundweg Fechenheimer Mainbogen
Startpunkt: Haltestelle Schießhüttenstraße
60386 Frankfurt am Main

Klassikstadt
Orber Straße 4a
60386 Frankfurt am Main
069 40896980
www.klassikstadt.de

AUENLANDSCHAFT IM ALTEN FISCHERDORF

Rundweg Fechenheimer Mainbogen

Atmen Sie tief durch beim Spaziergang durch Frankfurts größte Auenlandschaft im Stadtteil Fechenheim. Beginnen Sie Ihren Rundweg direkt an der Endhaltestelle Schießhüttenstraße der Straßenbahnlinie 11. Matthias Beltz hat dieser Linie mit »Balkanisierung in der Straßenbahn« ein liebens- und lesenswertes Denkmal gesetzt. Den Main auf Ihrer linken Seite folgen Sie dem historischen Leinpfad entlang des Fechenheimer Mainbogens durch eine 100 Hektar große Auenlandschaft. Der Begriff Leinpfad leitet sich von Leinen ab, mit denen Pferde Kähne den Fluss hinaufzogen. Nach wenigen Minuten hat man den Friedhof erreicht und wieder hinter sich gelassen.

Jetzt offenbart sich auch dem wenig naturkundigen Spaziergänger der besondere Reiz dieser Landschaft. Mächtige Bäume säumen den Pfad. Der für einen Auwald typische Bewuchs wie Schwarzerlen, Silberlinden, Eschen, aber auch Obstbäume sind zum Teil vom Efeu überwuchert und lassen den Menschen als Fremdkörper erscheinen. Das niedrige Vogelschutzgehölz bietet hervorragende Bedingungen, sodass hier eine Vielzahl von Vögeln brütet. Auch die Goldammer, Vogel des Jahres 1999, fühlt sich wohl. Schmale Pfade führen durch das Dickicht direkt ans Wasser. Nutzen Sie diese für einen Blick über den Main. Das Grün beider Uferseiten kann einen vergessen lassen, dass man sich noch in der Stadt befindet.

Trifft der Leinpfad auf die Starkenburger Straße, die einst zum Schloss auf der anderen Mainseite führte, können Sie sich mit Speis und Trank auf der Terrasse des Ruderclubs von 1874 belohnen. Natürlich mit Blick auf das Schloss. Die mit Linden gesäumte Starkenburger Straße markiert den Rückweg. Die meisten der stattlichen Bäume wurden 1912 gepflanzt und verströmen einen betörenden Duft zur Blütezeit. Altbaufassaden des 19. Jahrhunderts verbreiten Kurzweil entlang des Weges zurück zur Endhaltestelle.

Haben Sie Spaß an klassischen Fahrzeugen in historischer Umgebung? Dann besuchen Sie die Klassikstadt in Fechenheim.

54

Lohrberg
Auf dem Lohr
60389 Frankfurt am Main

MainÄppelHaus
Klingenweg 90
60389 Frankfurt am Main
069 479994
www.mainaeppelhauslohr-
berg.de

PARADIES FÜR KINDER MIT WEITBLICK

Lohrberg

»Papa, lass uns Schlitten fahren!« Wenn Sie in Frankfurt aufgewachsen sind, folgte dieser Bitte vermutlich ein Familienausflug auf den Lohrberg, Frankfurts »alpines« Zentrum im Winter. Der Schnee hält sich hier deutlich länger als an anderer Stelle in der Stadt und versprüht an sonnigen Tagen einen Hauch von Wintersport-Flair. Aber auch außerhalb der weißen Jahreszeit ist der Lohrberg ein lohnendes Ausflugsziel.

Im Frühjahr lädt Sie der denkmalgeschützte Lohrpark ein, die wohltuende Frühlingssonne zu genießen. Sei es auf einer Bank oder bei einem Spaziergang. Die ersten frei blühenden Pflanzen des Jahres können hier am sonnenverwöhnten Südhang bewundert werden. Am Horizont erinnert Sie die Frankfurter Skyline daran, dass die Innenstadt näher ist, als Sie in diesem grünen Paradies vermuten möchten.

Der Sommer eignet sich zu einem Picknick auf der von alten Bäumen gerahmten großen Wiese. Die Höhe von 185 Metern verspricht bei gutem Wetter einen grandiosen Ausblick in die umliegenden Regionen. Ein Planschbecken aus den 1920er-Jahren ergänzt den Spielplatz und erfrischt an heißen Tagen die kleinen Besucher. Ab dem späten Nachmittag wird überall auf der Wiese gerne gegrillt.

Im Herbst wehen Drachen in den Himmel und für den Winzer beginnt jetzt die Zeit der Weinlese. Mit einer Produktion von 10.000 Flaschen ist der Lohrberg der kleinste und auch der östlichste Teil des Rheingaus. Zu Silvester bekommen Sie ein atemberaubendes Feuerwerk am Nachthimmel geboten. Entsprechend hoch ist der Andrang und knapp die Parkplätze.

Stellt sich der Hunger ein und das Gartenlokal Lohrberg-Schänke ist geschlossen, dann spazieren Sie den Hang hinunter ins dörfliche Seckbach. Hier finden Sie Fachwerkhäuser, ein fast 500 Jahre altes Rathaus und die Gaststätte Zum Rad in der Leonhardsgasse. Eine Frankfurter Ebbelwei-Institution seit 1806.

Das an den Park angrenzende *MainÄppelHaus* bietet ein vielfältiges Programm für die Familie, Gastronomie und einen Hofladen mit lokalen Produkten.

55

Goetheturm mit Waldspielpark
Sachsenhäuser Landwehrweg
60599 Frankfurt am Main
069 685113
www.frankfurt.de

Schmidt-Peccolo am Goetheturm (Goetheruh)
Zum Goetheturm 1
60599 Frankfurt am Main
069 686830

Über dem Waldboden schwebend

Goetheturm mit Waldspielplatz

Als der Goetheturm im Oktober 2017 ein Raub der Flammen wurde, fügte dies vielen Menschen in Frankfurt und Umgebung seelische Schmerzen zu. Für nahezu jeden Frankfurter Bürger gehört der alte, 1931 erbaute Holzturm in das persönliche Erinnerungsalbum der Kindheit: Der wunderbare Blick über Frankfurt und den Stadtwald, das Café *Goetheruh*, heute *Schmidt-Peccolo am Goetheturm*, mit herrlichem Kuchen und Eis am Stiel sowie der angrenzende Spielpark. Spontan konnten über 190.000 Euro an Spenden für den Wiederaufbau gesammelt werden, ein weiteres Indiz für den Gemeinschaftssinn der Frankfurter Bürger.

Leider wurde der Brandstifter, der noch fünf weitere Holzbauten in Frankfurt in Brand setzte und damit einen Schaden von über zwei Millionen Euro verursachte, bis heute nicht gefasst.

In einer Umfrage entschieden sich die Bürger der Stadt, einen neuen Turm zu errichten, der dem alten möglichst ähnlich sein sollte. Der neue Goetheturm wurde im Sommer 2020 aus vier vorgefertigten Holzteilen errichtet und ist mit 43 Metern ebenso hoch wie sein Vorgänger. Korpus und Stufen bestehen vorwiegend aus Edelkastanie und Eichenholz. Zum Schutz vor Feuerattacken und sonstigem Vandalismus wurde ein Zaun gezogen und eine Videoüberwachung installiert.

Sobald der neue Goetheturm für alle Fans freigegeben ist, werden diese für den mühevollen Aufstieg über rund 200 Stufen wieder mit einer grandiosen Aussicht belohnt, bei klarem Wetter bis hinüber zum Feldberg im Taunus. Der beste Zeitpunkt dafür ist ein lauer Sommerabend bei einsetzender Dämmerung. Lehnen Sie sich auf die Balustrade und lassen Sie Ihren Blick genussvoll schweifen. Sie werden sich vorkommen wie über dem Waldboden schwebend, ein freies, vielleicht sogar erhabenes Gefühl.

Der nahegelegene Spielpark Scheerwald bietet Grillplätze, Wasserfontänen, Tischtennisplatten, einen großen Spielplatz und viel Fläche zum Toben. Ideal für Familien mit Kindern.

56

Abenteuerspielplatz Riederwald
Volgersbrunnenweg 7
Neben den Sportplätzen der SG Riederwald
60314 Frankfurt
069 90475070
www.abenteuerspielplatz.de

Licht- und Luftbad Riederwald
Volgersbrunnenweg 5
60386 Frankfurt am Main
www.liluba-riederwald.de

WO DIE WILDEN KERLE TOBEN

Abenteuerspielplatz Riederwald

Obwohl mitten im Wald gelegen und nur zu Fuß erreichbar, werden Sie keine Probleme haben, hierherzufinden. Folgen sie einfach dem Hämmern und Sägen zum bunt bemalten Eingangstor. Kinder bekommen glänzende Augen, wenn sie den Abenteuerspielplatz zum ersten Mal besuchen. Denn dies ist kein Spielplatz im üblichen Sinn. Neben den fertigen Spielgeräten können Kinder mit Hammer und Säge ihre eigenen selbst gestalten. Die Betreuer verstehen sich nicht als Aufpasser, sondern als Unterstützer der Kinder zur Verwirklichung ihrer Ideen. Und diese können sich sehen lassen. Mehrstöckige Häuser mit Türmen, ein riesiges Holzschiff zum Klettern und andere Gebilde wachsen hier auf 5.000 Quadratmetern in den Wald. Daneben gibt es eine Feuerstelle, eine Seilbahn, jede Menge Spielzeug und eine Wasserstelle zum Matschen und Buddeln. Auf Elterninitiative wurde der Verein gegründet und 1974 eröffnet. Seitdem unterliegt dieses Paradies dem permanenten Umbau durch kreative Kinder. Der Leiter John Leicher ist die einzige Konstante und seit der ersten Stunde dabei. In den Ferien wird ein besonderes Programm geboten, mit Mittagessen, Luftkissen zum Hüpfen, Poolbau, Ausflügen und Übernachtungen. Vom Verein kamen in den letzten Jahren weitere Spielplätze und Veranstaltungen hinzu, wie die jährlichen Opernplatzspiele.

Vermutlich ist heute jedes Frankfurter Kind schon einmal auf einem Luftkissen des Abenteuerspielplatzes gehüpft. Treffen Sie jemanden, der im Stadtteil aufwuchs, wird er Ihnen Geschichten vom ersten Luftkissen überhaupt erzählen können. Zwei Stunden dauerte das Befüllen. Mutige Kinder ließen sich von den Bäumen aus acht Metern Höhe hineinfallen. Vermutlich werden Sie auch Geschichten über Verletzungen von Kindern bis hin zu Knochenbrüchen hören. Heute nicht mehr denkbar. Früher konnten die wilden Kerle wohl noch ein wenig wilder toben.

Neben dem Abenteuerspielplatz liegt das Licht- und Luftbad Riederwald, mit riesiger Liegewiese, Wasserspielen, Volleyballfeldern und Klettergerüst.

57

StadtWaldHaus
Parkplatz: Isenburger Schneise
60598 Frankfurt am Main
Grünflächenamt:
069 683239
www.stadtwaldhaus-frankfurt.de

WAS WISSEN SIE ÜBER UNSEREN WALD?

StadtWaldHaus

Was wissen Sie eigentlich über unseren Wald? Dass er grün ist – jedenfalls meistens – und viele Bäume drin stehen? Oder doch etwas mehr? Viel mehr erfahren Sie im Frankfurter *StadtWaldHaus*, das 1995 neben der Fasanerie erbaut wurde. Es versteht sich als forstökologisches Informationszentrum. Auch das Haus selbst wurde nach ökologischen Gesichtspunkten geplant, es liegt quasi unter einer Grünschicht. Im Inneren befinden sich Lernstationen, die interessant und teils amüsant aufgebaut sind. Dargestellt wird das Tierreich im Wald, vom Buntspecht über den Dachs bis zum 227-Kilo-Keiler. Dem Wuchs des Baumes, seinem Wurzelwerk und seiner Funktion im Sauerstoff-Kohlendioxid-Kreislauf wird besonders viel Wert beigemessen. Mit Mikroskopen können Kleinlebewesen im Wasser beobachtet werden. Auch wenn die Geräte und Exponate den Ansturm der Schulklassen nicht immer unbeschadet überstehen, so bemüht sich das Grünflächenamt, den Besuchern eine interessante und abwechslungsreiche Reise durch den Wald zu bieten. Störend ist einzig der rege Flugverkehr über den Bäumen. Das Wort »Einflugschneise« bekommt hier eine neue, differenzierte Bedeutung.

Das *StadtWaldHaus* erreichen Sie am einfachsten mit dem Fahrrad – direkt bis vor das Eingangstor. Ansonsten entweder mit dem Auto aus Richtung Innenstadt über die Isenburger Schneise bis zum Parkplatz Oberschweinstiege oder mit der Straßenbahnlinie 14 bis ebenda. Dann der Beschilderung folgend etwa fünf bis zehn Minuten zu Fuß über die Kuhpfadschneise. Die Fasanerie bietet einige interessante Vogelvolieren: Fasane, Mäusebussarde, Turmfalken und Uhus. Wenn Sie Glück haben, sehen Sie in dem großflächigen Gehege Damwild und Mufflons. Auch den dicken, über 200 Kilogramm schweren Wildschweinpapa und seine Familie können Sie leibhaftig bestaunen. Hier sieht er friedlich aus, aber Sie sollten ihm nachts nicht allein im Wald begegnen.

Empfehlenswert: Im Waldladen direkt neben der Fasanerie erhalten Sie frisches Wild aus dem Frankfurter Stadtwald.

FLUSS UND SEE

58

Holbeinsteg
60329 Frankfurt am Main
www.frankfurt.de

Städel Museum
Schaumainkai 63
60596 Frankfurt am Main
069 6050980
www.staedelmuseum.de

DIE SCHWINGUNG DER STADT SPÜREN

Holbeinsteg

Die Frankfurter gönnen sich drei reine Fußgängerbrücken über den Main: den historischen Eisernen Steg, den Arthur-von-Weinberg-Steg in Fechenheim und den Holbeinsteg. Dessen elegante freischwingende Konstruktion mit den markanten blauen Stützpfeilern führt von der Windmühlstraße im Bahnhofsviertel hinüber zur Holbeinstraße in Sachsenhausen, direkt vor den Eingang des berühmten Städel Museums.

An dieser Stelle sollen Sie, liebe Nicht-Frankfurter und Neu-Frankfurter, in die beiden urtümlichen Begriffe Hibbdebach und Dribbdebach eingeweiht werden. Frankfurt besteht seit dem Mittelalter aus zwei Teilen: der nördlich des Mains gelegenen Innenstadt, allgemein als Hibbdebach (hüben vom Bach) bezeichnet, sowie dem südlich des Mains gelegenen Stadtteil Sachsenhausen, in Frankurter Mundart Dribbdebach genannt. Dort »drüben vom Bach« befindet sich das Museumsufer, eine einzigartige Kette von Museen entlang des Mainufers. Ins Gesamtkonzept einbezogen wurde der 1990 erbaute Holbeinsteg, entworfen von dem Städteplaner und Architekten Albert Speer jr. Leider hat die Asphaltdecke inzwischen zahlreiche Risse, die den Gesamteindruck etwas trüben.

Dennoch: Heben Sie den Kopf und genießen Sie den Blick ostwärts über die Untermainbrücke und den Eisernen Steg bis hin zum Dom. Linker Hand sehen Sie die Bankentürme mit dem davor liegenden Nizza-Ufer, rechts blitzen zwischen den Bäumen immer wieder die schönen alten Villen auf, in denen sich die Museen befinden.

Stellen Sie sich in die Mitte des Holbeinstegs und lassen Sie Ihre Gedanken schweifen, über den Fluss und die Stadt. Dann werden Sie merken, dass der Steg schon bei mittlerem Wind leicht in Schwingung gerät, es entstehen Wellen, einer Musik gleich, die Sie erfassen und sich sanft in Ihrem Inneren ausbreiten. An welchem anderen Ort können Sie die Schwingungen einer Stadt so hautnah erleben?

Eigentlich nur ein vorübergehender Ersatz für den renovierungsbedürftigen Eisernen Steg, doch die Frankfurter liebten ihn,
so blieb er: der Holbeinsteg.

59

Holzhausenschlösschen
Justinianstraße 5
60322 Frankfurt am Main
069 557791
www.frankfurter-
buergerstiftung.de

CHARMANTES KLEINOD AM WASSER

Holzhausenschlösschen

Ein sonniger Herbsttag geht zu Ende. Ich schreite die Kastanienallee entlang, neugierig schauend, suchend. Man könnte das Jahr 1729 schreiben. Der Architekt Louis Rémy de la Fosse hat soeben das neue Wasserschlösschen an die Familie Holzhausen übergeben. Johann Christoph Ochs von Ochsenstein, der Ältere Bürgermeister, hat gratuliert und freut sich auf die Einweihungsfeier. So wie ich.

Rechts und links von mir großzügige Stadtvillen. Hier residieren Vertreter der Jurisprudenz, Patrizier, Bankiers und Ratsherren. Im Abendnebel tauchen vor mir Lichter auf, Leuchtfeuer, über das Wasser schwebende Laternen – eine wunderbare Stimmung. Barockmusik erklingt, als ich zwischen den Bäumen hervortrete. Welch ein Bild! Ein Schlösschen, fein und charmant, mitten im See gelegen. Nun – kann ein Gebäude charmant sein? Kaum hat mich dieser Gedanke erfasst, steht eine junge Dame neben mir, weiß gekleidet, ohne Übertreibung: eine Schönheit. »Ist das nicht charmant?«, sagt sie. »Hoch gebaut, drei Stockwerke über dem Wasser, direkt in den See hineingesetzt, ohne Gräben und Vorbauten. Und sehen Sie, dieses elegant geschwungene Dach … was meinen Sie, junger Herr?« Ich kann nicht sagen, was mich mehr beeindruckt, der Charme des neuen Schlösschens oder der Charme der jungen Dame. »Mein schönes Fräulein, darf ich wagen, meinen Arm und Geleit Ihr anzutragen?«, sage ich, obwohl Goethe, der Faust und Gretchen erfand, 1729 noch gar nicht lebte. Sie nickt. Wir schreiten gemeinsam über die Brücke, majestätisch, wie König und Königin. Dann erreichen wir das Eingangsportal.

»Haben Sie reserviert?« – »Ja, übers Internet«, antworte ich. – »Das ist gut, denn die Veranstaltungen im Holzhausenschlösschen sind dieses Jahr alle ausverkauft. Die Frankfurter Bürgerstiftung ist hocherfreut. Ich denke, es wird ein gutes Jahr!«

Hier ist Emil Mangelsdorff mit seiner Jazz-Combo Stammgast. Auf der Website finden Sie noch mehr: Musik, philosophische Gespräche, Lesungen und Vorträge.

60

Eiserner Steg
Mainkai
60311 Frankfurt am Main
www.frankfurt.de

Gasthaus Zum Eisernen Steg
Schaumainkai 1
60594 Frankfurt am Main
069 66055070
www.hotel-royal-frankfurt.net/eiserner_steg

TREFFPUNKT UND PARTY-LOCATION

Eiserner Steg

Dieses Bauwerk ist das Denkmal einer Bürgerinitiative im besten Sinne des Wortes. Zu Beginn der 1860er-Jahre konnte die Alte Brücke den zunehmenden Verkehr an Fuhrwerken nicht mehr aufnehmen. Die Frankfurter forderten einen zusätzlichen Mainübergang. Besonders die zahlreichen Biertransporte wurden als Argument angeführt. Da der Magistrat dies ablehnte, gründeten die ortsansässigen Händler einen Verein zum Bau einer neuen Brücke und verkauften Anteilscheine, die mit fünf Prozent verzinst wurden – eine Frühform der Immobilienfonds. Mit der Inbetriebnahme des Eisernen Stegs 1869 wurde zunächst eine Maut erhoben; erst nach der Finanzierungsphase ging das Bauwerk in den Besitz der Stadt über.

Die Brückenpfeiler aus rotem Sandstein wurden inzwischen mit Aufzügen ausgestattet. An der Innenstadtseite (»Hibbdebach«) finden Sie die Anlegestellen der Ausflugsschiffe. Schlendern Sie langsam über den Steg, Sie hören viele ausländische Sprachen, fast jeder der jährlich zwei Millionen Frankfurt-Touristen kommt hierher. An der Sachsenhäuser Uferseite (»Dribbdebach«) liegen mehrere Restaurantschiffe, am Schaumainkai, direkt gegenüber des südlichen Brückenkopfs, strahlt unübersehbar das Gasthaus *Zum Eisernen Steg*. Entlang des gesamten Sachsenhäuser Ufers sorgen drei Reihen Platanen für Schatten und vermitteln ein urbanes Lebensgefühl.

Wie an vielen anderen Brücken auch haben Liebespaare am Eisernen Steg ihre Treueschlösser angebracht. Ein Vorhängeschloss mit entsprechender Gravur soll die ewige Liebe zwischen Oliver und Nicole beschwören. Oder die ewige Verbindung zwischen »Hibbdebach« und »Dribbdebach«. Zur 150-Jahr-Feier wurde dem Eisernen Steg eine neue LED-Beleuchtung spendiert. Das wird sie als Fotomotiv noch attraktiver machen.

Jedes Jahr an Silvester treffen sich auf dem Eisernen Steg Freunde und Zufallsbekanntschaften, um auf das neue Jahr anzustoßen – ein echtes Erlebnis!

61

Primus-Linie
Frankfurter Personenschifffahrt Anton Neuheimer GmbH
Mainkai 36
60311 Frankfurt am Main
069 1338370
www.primus-linie.de

KD-Anlegestelle
Köln Düsseldorfer Deutsche Rheinschiffahrt AG
Mainkai (Näher Eiserner Steg)
60311 Frankfurt am Main
06131 610451
www.kd-schiff-frankfurt.de

DIE ALTERNATIVE STADTRUNDFAHRT

Mainschifffahrt ab Mainkai

Seit jeher hat der Main für Frankfurt eine wichtige Rolle gespielt, sowohl in wirtschaftlicher als auch in gesellschaftlicher Hinsicht. Er bildet heute zusammen mit dem Rhein, der Donau und dem Rhein-Main-Donau-Kanal eine der wichtigsten Wasserstraßen Europas. Im Bewusstsein der Frankfurter Bürger hat ihr »Maa« einen hohen Stellenwert. Seine Ufer sind Platz zum Entspannen, zum Ordnen der Gedanken und zur mentalen Regeneration.

Die einfachste und schnellste Art, sich dem Fluss zu nähern, ist eine 50-minütige Rundfahrt von der Anlegestelle am Eisernen Steg, entweder nach Osten bis zur Gerbermühle oder nach Westen zur Griesheimer Schleuse und wieder zurück. Viele Menschen ziehen eine Schiffstour der Stadtrundfahrt im Bus vor: Man gleitet ruhig dahin und hat keine Verkehrshektik. Unter den Brücken geht es hindurch, am Museumsufer entlang, immer die Skyline im Blick, dabei ein Glas Apfelwein vor sich – was kann das Leben Schöneres bieten?

Egal ob Sie mit der Primus-Linie fahren oder mit den Köln-Düsseldorfern, beide sind sicher und zuverlässig. Wenn Sie in Frankfurt wohnen oder Ihren Aufenthalt vorab planen können, empfehlen wir eine der Sondertouren. Feuerwerksfahrten beispielsweise, zum Ende des Museumsuferfests oder während eines anderen großen Stadtfests. Auch Abendfahrten mit Sonnenuntergang und den Lichtern der Stadt werden angeboten, sowie After-Work-Shipping-Partys und feines Dinieren an Bord. Jederzeit können Sie diesen Kurztrip auf eine Tagestour ausdehnen, entweder flussaufwärts Richtung Seligenstadt und Aschaffenburg, oder flussabwärts zum Rhein. Mainz, Rüdesheim und Bingen sind dann die Ausflugsziele.

Vielleicht wird eines der Schiffe Ihr mobiler Lieblingsplatz. Zum Beispiel die moderne Maria Sibylla Merian. Oder das 1913 erbaute legendäre Schaufelradschiff Goethe.

Fahren Sie vom Eisernen Steg zur Gerbermühle (www.gerbermuehle.de). Dort können Sie zu Mittag essen und nach einem kleinen Spaziergang wieder zurückfahren.

62

Licht- und Luftbad
Niederräder Ufer 10
60528 Frankfurt am Main
069 67733653
www.lilu-frankfurt.de

EINES DER SCHÖNSTEN FREIZEITGEBIETE

Licht- und Luftbad

Das Licht- und Luftbad, kurz »LiLu« genannt, liegt auf einer Maininsel im Stadtteil Niederrad. Die weitläufigen Grünanlagen mit riesigen Kastanien und hellen Birkenstämmen sind sauber, gepflegt und einladend. Im westlichen Teil, zur Inselspitze hin, breiten sich Liegewiesen und Grillplätze aus, sogar einen kleinen Sandstrand gibt es. Sie können Bänke und Tische für Familienfeiern mieten.

Wie der Name schon sagt: Hier können Sie in Licht und Luft baden, jedoch nicht im Wasser – das Schwimmen im Main ist verboten. Dies war nicht immer so, vor dem Zweiten Weltkrieg wurde hier viel gebadet, besonders von jüdischen Mitbürgern. Ab 1939 war das Gelände den SA-Angehörigen vorbehalten, Reste der alten Betonanlagen sind heute noch zu sehen.

Sie erreichen das LiLu entweder per Fahrrad über den Tiefkai aus Richtung Innenstadt oder über die Uferstraße (Niederräder Ufer) in Höhe der Orthopädischen Kliniken. Überqueren Sie die kleine Brücke langsam, ein Seitenblick lohnt sich. Linker Hand eine illustre kleine Hafenanlage mit vertäuten Schleppkähnen, rechts das komplett mit Blumen bewachsene Naturschiff (www.naturship.de). Über eine Treppe gelangen Sie zum Tiefkai. Wenden Sie sich nach links. Zwischen den Bäumen erscheint ein zunächst deplatziert wirkender dunkler Block, das Ponton LiLu-Café. Beim Näherkommen entpuppt es sich als interessante Konstruktion: Der schiffsähnliche, hochwasserresistente Rumpf wurde mitten auf die Wiese gesetzt und enthält den Tresen und die Toiletten. Davor liegt in hafenähnlicher Manier ein Ponton, auf dem Sie gemütlich sitzen können, Kaffee trinken (guter Espresso!), kleine Snacks essen und Schiffe gucken. Lediglich ein Umstand trübt das Freizeitvergnügen ein wenig: Der Blick auf das gegenüberliegende Mainufer – Industrie pur. Wir befinden uns eben nicht am Meer, sondern in einer Großstadt.

Ideal für ein Sonnenbad mit Cappuccino nach einem arbeitsreichen Tag in der Bürostadt Niederrad.

63

Anglerheim Nied
Grüne Weide 20
65934 Frankfurt am Main
069 394666
www.av-nied.de

Niddastrand
Oeserstraße 80
65934 Frankfurt am Main
0151 23560202
www.niddastrand.de

ANGLERLATEIN BEI EINEM FROSCHKONZERT

Anglerheim Nied

Ein unerwartetes beschauliches Plätzchen erwartet den Besucher, der dem leicht zu übersehenden Wegweiser am Nidda-Radweg in die kurze Sackgasse folgt. Verborgen hinter Schrebergärten, am Altarm der Nidda gelegen, finden kundige und neugierige Besucher seit vielen Jahren das Anglerheim Nied. Entgegen dem verheißungsvollen Namen wird hier kein Fisch serviert. Und das obwohl die zugehörigen Vereinsmitglieder seit 1920 allerlei Fisch in der Nidda angeln. Dafür erhalten hungrige Wanderer und Radfahrer deutsche und balkanische Küche zu einem guten Preis-Leistungs-Verhältnis.

Die Terrasse ist direkt ans Wasser gebaut. Von hier aus beobachtet man Frösche, Enten, Graureiher und andere Wasservögel sowie Biberratten, sogenannte Nutrias, aus nächster Nähe. Ist kein Plätzchen auf der Terrasse frei, finden Sie wenige Meter der Nidda flussabwärts folgend den Georgshof mit integrierter Reitschule. Auf diesem großen Hof leben Ponys und Zuchtpferde, aber auch die Polopferde des Frankfurter Poloclubs. Möchten Sie beim Training oder einem Spiel zuschauen, so können Sie sich unter www.frankfurterpoloclub.de über die Zeiten informieren. In den Sommermonaten wartet neben dem Hof mit dem Niddastrand ein Beachclub auf seine Besucher. Von Liegestühlen haben Sie bei gutem Wetter einen Blick auf die Hügel und Berge des nahen Taunus. Ist Ihnen das alles zu viel Natur und Grün? Dann werfen Sie einen Blick auf die Eisenbahnbrücke Nied, die flussabwärts die Nidda überquert. Die Bogenbrücke aus dem Jahr 1839 ist die älteste noch befahrene Eisenbahnbrücke in Hessen und die älteste Bahnsteinbogenbrücke Deutschlands. Mit offenen Augen die Nidda zu erkunden, lohnt sich nicht nur mit Blick auf das etwas versteckte Anglerheim Nied. Auch der Eisenbahnbrücke sollten Sie wachsam begegnen. Sonst kann es schnell passieren, dass Sie sich beim Unterqueren den Kopf an den Steinen der Brücke stoßen.

Mit einer Tages- oder Monatskarte des Anglervereins *Ffm-Nied e. V. 1920* können Sie Ihren eigenen dicken Fisch in der Nidda fangen und an Land ziehen.

64

Walther von Cronberg-Platz
60594 Frankfurt am Main

gang & gäbe Weinbistro am Main
Walther-von-Cronberg-Platz 1
60594 Frankfurt am Main
069 580050517
www.dasgangundgaebe.de

FLORENZ IN FRANKFURT

Walther-von-Cronberg-Platz

Eine Stadt lebt durch die Kommunikation ihrer Bürger untereinander. Die öffentlichen Plätze sind sehr wichtig für diese Kommunikation, auch wenn sie in Deutschland nicht ganz den Stellenwert der Piazza im Mittelmeerraum haben. Zumindest wünschten sich die Frankfurter Stadtplaner eine ähnliche Wirkung, als sie Ende der 90er-Jahre das alte Deutschherrnviertel völlig umkrempelten: Es erhielt Italien-Flair und heißt seitdem Florentinisches Viertel.

Beeindruckend wirken die geometrischen Grundstrukturen: Ein großes Oval im Westen (*Colosseo*), daneben ein alles überblickender Rundturm (*Main Plaza Hotel*), ein zentrales trapezförmiges Wohngebäude, viele Rechtecke, quadratische Solitärbauten am Mainufer und ein als Dreieck ausgebildeter Bürobau (*Main-Triangel*) im Osten. Mittendrin der Kommunikator, der Walther-von-Cronberg-Platz. Die geometrischen Formen des Florentinischen Viertels erkennen Sie nicht nur aus der Vogelperspektive, nein, setzen Sie sich in eines der Cafés oder Restaurants und lassen Sie Ihren Blick schweifen. Die Ideen der Stadtplaner treten aus den Gebäuden und Straßen hervor, streifen durch die Arkaden und verschwinden mitten auf dem Platz in einer der Fontänen.

Wenn Sie im *gang & gäbe* einen guten Tropfen genießen, haben Sie einen direkten Blick auf die Fassade des *Trapezio Fiorentino*. Mit seiner Säulenoptik, den Blindbalkonen und den an mediterrane Fensterläden erinnernden Schiebeblenden vermittelt es den italienischsten Eindruck.

Der Brunnen übrigens ist eines der interessantesten Wasserbauwerke in Frankfurt: Er besteht aus 94 computergesteuerten Düsen, die sich alle auf Straßenniveau befinden, integriert ins Pflaster. Damit ist er begehbar, befahrbar, und für Kinder ohne Gefahr zum Planschen geeignet. So wurde mit relativ einfachen Mitteln eine südländische Atmosphäre geschaffen.

Walther von Cronberg war einer der führenden Männer des Deutschen Ordens, geboren 1479 in Kronberg im Taunus.

65

Schwedlersee
Schwedlerstraße
60314 Frankfurt am Main
069 37304907
www.schwedlersee.de

OASE IN DER GROSSSTADT

Schwedlersee

Ich biege von der Hanauer Landstraße in die Schwedlerstraße ein. Industriegebiet, Hafenanlagen, Kräne, Container – hier soll ein Badesee sein? Unmöglich! Ich parke in der Lindleystraße in Höhe des Schwedlerwegs. Kaum ein Baum oder Strauch zu sehen. Der schmale Weg führt über das Gleis der Hafenbahn, dann erblicke ich Wasser: das Hafenbecken. Die werden doch nicht … Fast wäre ich an dem Schild vorbeigelaufen: »Erster Frankfurter Schwimmclub von 1891«. Hier muss es sein. Ich öffne das Tor und trete ein. Der Weg fällt sacht ab, ein grünes Karree öffnet sich. Was sich mir darbietet, ist phänomenal: eine Oase – ein Paradies.

Der kleine See wird eingerahmt von hohen Bäumen, ein Ponton schaukelt auf der gegenüberliegenden Seite im Wasser, Menschen ruhen in der Sonne, einige durchqueren das klare Wasser. Im gemütlichen Tempo braucht man fünf Minuten bis zum gegenüberliegenden Ufer. Liebend gerne hätte ich mich an diesem schönen Spätsommertag in den kühlen See gestürzt, aber erstens habe ich keine Badehose mitgenommen und zweitens: Ich darf nicht. Zwar kann ich essen und trinken, aber nicht schwimmen. Das ist nur den Mitgliedern des Schwimmclubs erlaubt, und da kennt man keine Gnade. Die Terrasse ist überdacht und bietet etwa 100 Gästen Platz. Urige Holztische laden ein, auf dem Grill brutzeln Bratwürste, die Bembel stehen bereit. Bambusstöcke verbreiten eine angenehme Atmosphäre. Ein Naturerlebnis.

Nach wenigen Minuten komme ich mit meinen Tischnachbarn ins Gespräch und erfahre, dass hier die einzige Möglichkeit besteht, in Frankfurt ohne Chlor zu schwimmen. »Wann läuft eigentlich der Pachtvertrag mit der Stadt Frankfurt aus?«, fragt eine Frau. Keiner weiß es genau, aber die Sorge ist ihnen in die Gesichter geschrieben. Solche Grundstücke sind begehrt, Paradies hin oder her.

Sie können das Restaurant am Schwedlersee für Gesellschaften ab etwa 100 Personen anmieten.

66

Hafenpark
Mayfarthstraße
60314 Frankfurt am Main
Grünflächenamt:
069 21230991
www.frankfurt.de

Oosten
Mayfarthstraße
460314 Frankfurt am Main
069 9494256814
www.freigut-frankfurt.com

VIER HEKTAR SPASS

Hafenpark

Die Verantwortlichen der Stadt Frankfurt haben in der Stadtplanung oft weitsichtig agiert. So wurde bereits vor dem Baubeginn der Europäischen Zentralbank (EZB) in unmittelbarer Nachbarschaft der Hafenpark als großes Erlebnisgelände geplant. Als die Banker einzogen, fehlte zwar noch ein Drittel des Hafenparks, aber die restlichen Landschaftsarbeiten sind inzwischen abgeschlossen.

Das vier Hektar große Areal zwischen Deutschherrenbrücke, Mayfarthstraße und Honsellbrücke ist ein klassisches Revier für Outdoor-Sportler. Mit dem »concrete jungle« entstand ein betonierter Skater-Parcours mit Senken und speziell modellierten Anhöhen, Pflanzeninseln und Teichen – ein 5.500 Quadratmeter großer Spielplatz für Jugendliche und Junggebliebene auf Rollen. Dahinter in Richtung Mainufer erstreckt sich das sogenannte Sportband mit Basketball- und Fußballplätzen, Fitness-Stationen und Turngeräten. Der grüne Teil des Hafenparks in unmittelbarer Nähe zum Main wird »Wiesenband« genannt. Im Sommer kann man sich hier launig ins Gras legen oder auf eine Bank setzen, sich sonnen und den vorbeifahrenden Schiffen nachschauen.

Das ganze Vorhaben ist der Stadt immerhin acht Millionen Euro wert, eine Investition in die Frankfurter Zukunft und die Lebensfreude der Bürger. Und: ein klares Bekenntnis zur Jugendförderung. Auch die Angestellten der EZB und die Mitarbeiter der Firmen im Osthafen und dem Kreativzentrum der mittleren Hanauer Landstraße profitieren davon. Vielleicht wird der Hafenpark zu ihrem Lieblingsplatz in der Mittagspause: Entspannung, Bewegung, frische Luft – danach wieder gestärkt an den Arbeitsplatz.

Zwei ungewöhnliche Restaurants mit Bar/Lounge/Café: Am westlichen Ende des Parks direkt neben dem Hafenkran das *Oosten*, am östlichen Ende unter den Bögen der Honsellbrücke der Kunstverein Montez (www.kvfm.de).

67

Frankfurter Ruder-Gesellschaft Oberrad 1879 e.V.
Mainwasenweg 32
60599 Frankfurt am Main
069 654499
www.frgo.de

VIER RUDERCLUBS, BOOT AN BOOT

Rudererdorf Oberrad

»Was ist denn ein Rudererdorf?«, würde ein Nicht-Frankfurter vielleicht fragen. Das Erstaunen ist verständlich, denn dies ist schon etwas Besonderes: Vier Ruderclubs am Mainufer, inmitten von Parks und Gärten, mit einer gemeinsamen Bootsanlegestelle, aber vier separaten Gaststätten, die seit vielen Jahren einträchtig und erfolgreich nebeneinander existieren.

Das Rudererdorf finden Sie im Stadtteil Oberrad, unweit der Gerbermühle bei Flusskilometer 37,7. Die Gaststätten bieten überwiegend regionale Küche, selbst die griechische Speisekarte kommt nicht ohne Handkäs' mit Musik aus. Bei gutem Wetter ist der Platz vor den Bootshäusern Anfangs- oder Endpunkt vieler Spaziergänge, Radfahrten, Skatertouren und Jogging-Runden – man trifft sich! Auch die Ausflugsschiffe bringen Gäste aus der Innenstadt zu ihrer östlichsten Anlegestelle, um dann vor der Offenbacher Schleuse wieder umzukehren.

Setzen Sie sich an einem sonnigen Wochenende auf die breite Treppe am Anlegesteg, füttern Sie die Enten und Möwen und beobachten Sie das Treiben rund um die Boote. Am anderen Mainufer erheben sich die beeindruckenden Türme der Europäischen Zentralbank, dahinter breitet sich die Frankfurter Skyline panoramagleich vor Ihnen aus. Mit etwas Glück können Sie einer Achter-Mannschaft zusehen, die ihr Boot im Teamwork und mit lauten Ansagen des Steuermanns zu Wasser lässt – ein echtes Ereignis. Anschließend müssen die Ruderer die Fahrrinne überqueren, ohne mit den langen Frachtschiffen und Schubverbänden zu kollidieren. Wenn die Sportler das geschafft haben, können auch Sie entspannen, sich in den Schatten der großen Bäume zurückziehen und einen Apfelwein genießen. Fragt sich nur: Bei welchem der vier Gastwirte? Vielleicht wählen Sie fairerweise denjenigen, der zum Verein des Achters gehört, der gerade auf dem Main seine Muskeln spielen lässt.

»Hopp, hopp, hopp!« heißt es jedes Jahr im Juli beim internationalen Frankfurt-Ironman. Hier am Rudererdorf liegt einer der Wendepunkte des Marathonlaufs.

68

Gerbermühle
Gerbermühlstraße 105
60594 Frankfurt am Main
069 68977790
www.gerbermuehle.de

Ich-Denkmal
Gleis 3
60594 Frankfurt am Main
069 281010

GOETHES SPÄTE LIEBE

Gerbermühle

An kaum einem Ort in Frankfurt sind Historie und pralles Leben der Gegenwart so gut vereint wie hier. Nähert man sich dem Gebäude von der Straße her, so gewinnt man durchaus einen noblen Eindruck. Links der historische Bauteil – statt des Wetterhahns tanzen Goethe und Marianne leichtfüßig auf dem Dach – rechts der moderne Anbau, der Optik des Altbaus gut angepasst. Seit 2002 befindet sich hier ein kleines Hotel.

Die Gerbermühle wurde berühmt durch den legendären Sommer 1815, in dem sich Goethe mehrere Wochen hier aufhielt und eine nie vollends geklärte Verbindung zu Marianne Willemer aufnahm, übrigens unter den Augen ihres Ehemanns. Sie war die einzige Frau, die Goethe als literarisch ebenbürtig ansah. Sie steuerte einige Verse zu seinem Gedichtzyklus *West-östlicher Divan* bei. Sie war Suleika, er war Hatem, und das zweigeteilte Ginkgo-Blatt diente als Metapher für die Beziehung der beiden: »Fühlst du nicht an meinen Liedern / daß ich Eins und doppelt bin?« Vor der westlichen Grundstücksmauer stehen drei Ginkgo-Bäume, vielleicht als Inspiration für den im Tagtraum versunkenen Wanderer.

Nähert man sich der Gerbermühle von der Mainseite, als Spaziergänger oder Radfahrer, so trifft man bei schönem Wetter auf einen Sommergarten, der lebt, der pulsiert, der Freude ausstrahlt und den Betrachter anzieht und hineinzieht. Speisenkarte und Ambiente sind etwas gehobener als im Rudererdorf, doch auch hier dürfen die einheimischen Spezialitäten nicht fehlen: Die Köche glänzen als mehrmalige Sieger des Grüne-Soße-Festivals. Selbst bei Vollauslastung des Sommergartens ist die Bedienung sehr aufmerksam und niemand muss unnötig lange auf sein Essen warten.

Drinnen, fast ein wenig im Verborgenen, thront die Büste des Geheimrats, so als wollte er sagen: »Genießet das Leben, wie auch ich es tat!«

Zwei Gehminuten nach Westen finden Sie im Park ein beliebtes Fotomotiv: das Ich-Denkmal. Stellen Sie sich selbst auf den Sockel, es findet sich immer jemand, der Sie fotografiert.

69

Jacobiweiher
Startpunkt: Haltestelle
Oberschweinstiegschneise
60598 Frankfurt am Main
Grünflächenamt:
069 683239
www.frankfurt.de

Oberschweinstiege
Restaurant und Biergarten
Oberschweinstieg-
schneise 65
60598 Frankfurt am Main
069 697693710
www.oberschweinstiege-
frankfurt.de

Vierwaldstättersee in Miniatur

Jacobiweiher

Keine Sorge, Sie haben sich nicht vertan: Der Vierwaldstättersee liegt immer noch in der Schweiz. Aber eine sehr schöne Miniaturausgabe desselben finden Sie im Frankfurter Stadtwald: den Jacobiweiher. Er wurde 1932 vom städtischen Forstamt unter Leitung von Bernhard Jacobi durch Stauen eines kleinen Bachs angelegt und ist seitdem eines der beliebtesten Naherholungsziele im Frankfurter Süden. Seine Form mit den vielen Verzweigungen erinnert an das große Original in den Alpen. Sie erreichen den See mit dem Auto über die Isenburger Schneise, indem Sie von der Innenstadt kommend bei der Beschildegung »Oberschweinstiege« links auf den Parkplatz abbiegen. Alternativ mit der Straßenbahnlinie 14 bis zur Haltestelle Oberschweinstiege. Der Fußweg zum Jacobiweiher beträgt etwa fünf Minuten. Ein Spaziergang um den See lohnt sich, an jeder Biegung öffnet sich ein neuer Blick. Trauerweiden, hohe Buchen, Inseln, eine Holzbrücke: Idylle pur. Ideal für einem sonnigen Herbsttag, wenn die bunten Blätter von der Sonne in Szene gesetzt werden.

Der Rundweg mit Abkürzung über die Holzbrücke dauert 30 bis 40 Minuten, ist ebenerdig und bequem. Zu empfehlen ist die Richtung gegen den Uhrzeigersinn, dann landen Sie am Ende bei der Gaststätte Oberschweinstiege. Fast das komplette Jahr 2014 über wurde die seit 1889 bestehenden Lokalität grundlegend renoviert. Das war auch dringend notwendig – und es gelang: gemütlich, fein, authentisch. Die Speisenkarte bietet einige überraschende Spezialitäten, wie zum Beispiel den hessischen Flammkuchen oder die Kalbsbratwurst. Bei schönem Wetter ist ein Getränk unter den großen Baumkronen des Biergartens der erfrischende Schlusspunkt Ihres Spaziergangs. Schweizer Flair inklusive!

Der Jacobiweiher ist auch hervorragend als Radfahrerziel geeignet, mehr dazu unter www.radfahren-ffm.de – siehe Radroute 6.

BANKGEHEIMNISSE

70

Dom St. Bartholomäus
Domplatz 1
60311 Frankfurt am Main
069 2970320
www.dom-frankfurt.de

EIN TRAGISCHER REGENT

Das Geheimnis des toten Königs im Dom

Von den 36 in Frankfurt gewählten Königen fand nur einer in Frankfurt seine letzte Ruhestätte. Und um dessen Tod ranken sich bis heute Geheimnisse. Günther von Schwarzburg, thüringischer Graf, wurde 1349 in Frankfurt zum Deutschen König gewählt. Er trat die Nachfolge von Ludwig IV. an, zu dessen Lebzeiten der Papst den Gegenkönig Karl IV. wählen ließ. Nach Günthers Weihe gelang es Karl allmählich, ihn zu isolieren. Selbst Günthers Neffen und andere seiner Gefährten konnte Karl gewinnen. Für Günther ging es nun darum, die Kaiserwürde zu behaupten. Er rüstete zur Schlacht. Doch vor seinem Abzug aus Frankfurt wurde ihm unwohl. Der herbeieilende Arzt Freidank von Heringen bot ihm einen heilenden Wundertrank an. Er soll von Karl mit einer großen Summe bestochen worden sein. Günther misstraute dem aufdringlichen Medikus und ließ ihn den ersten Becher trinken, erst dann trank er den zweiten. Der Arzt verstarb drei Tage später. Andere Quellen berichten von einem Dominikanermönch, der den Trank zubereitet haben soll. Günthers Weggefährten, aber auch er selbst, glaubten an eine herbeigeführte Vergiftung.

Schwer krank zog Günther gegen Karl und konnte diesen bei Eltville beinahe gefangen nehmen. Aber geschwächt und ohne Aussicht auf Genesung verzichtete er – gegen eine Entschädigung – auf Krone und Reich und kehrte nach Frankfurt zurück. Dort starb er am 18. Juni 1349 und wurde im Dom mit königlichen Ehren beigesetzt. Auf seiner Grabplatte, die heute aufrecht an der Chorwand steht, befindet sich das Wort »Gift«, was auch für das Wort Gabe stehen könnte. Ob Günther wirklich vergiftet wurde, bleibt wohl für immer ein Geheimnis. Bis 1802 wurde eine Messe im Dom für ihn gehalten, gestiftet von seinen Freunden. In Frankfurt gab er einer Straße und einem Platz seinen Namen. Ignaz Holzbauer ehrte Günther sogar mit einer eigenen Oper.

Im Kaisersaal im Römer sind Bildnisse von 52 deutschen Kaisern zu besichtigen, beginnend mit Karl dem Großen, endend mit dem letzten Kaiser Franz II.

71

Staufenmauer
Zwischen An der Staufenmauer und Fahrgasse
60311 Frankfurt am Main

DAS VERSCHWINDEN DER ALTEN DAME

Das Geheimnis der Staufenmauer

Das größte Geheimnis der Staufenmauer ist nicht, wie bei einer alten Dame üblich, das Alter, sondern ihr jahrelanges Verschwinden. Auf keiner Karte des alten Frankfurts, in keiner Ortsbeschreibung wurde sie mehr erwähnt. Selbst bei den Alteingesessenen war die Mauer aus dem Gedächtnis verschwunden. In der Stauferzeit um 1180 zum Schutze Frankfurts erbaut, gehört sie zum Ältesten, was Frankfurt zu bieten hat. Auch nach der Stadterweiterung von 1333 behielt sie ihre Funktion bei. Längs der Mauer wurde ein jüdisches Getto errichtet. Im Laufe der Zeit verschwand dieses Stück Mauer, der Rest der Stadtbefestigung wurde geschleift. Erst eine Tragödie lockte sie aus ihrem Versteck. Im Zweiten Weltkrieg, in dem die angrenzenden Häuser im Bombenhagel zerstört wurden, kam Verlorengeglaubtes zum Vorschein. Als Brandmauer zwischen den alten Häusern eingebaut, wurde sie völlig verdeckt.

Seit Jahren hat man das Gefühl, die Stadt weiß nicht so recht mit diesem alten Schatz umzugehen. Nach einem Magistratsentwurf aus dem Jahre 2012 soll sich dies ändern. Wildes Gestrüpp sowie der angrenzende Biergarten sollen einem offenen, mit Basaltsteinen gepflasterten Platz weichen. Vitrinen werden dem Besucher einen Einblick in die Vergangenheit ermöglichen. Bänke sollen zum Verweilen einladen. Auf der Rückseite wird ein in den Boden eingelassenes Bronzeband den Verlauf der ehemaligen Judengasse nachzeichnen. 4,5 Millionen Euro will die Stadt für die Gestaltung des Platzes und der nahen Fahrgasse ausgeben. Wenn Sie die Staufenmauer in naher Zukunft besuchen, existiert hier vielleicht schon ein Ort zum Verweilen, der Ihnen mehr über die Geschichte des alten Frankfurts erzählen kann. Ob und wann die angekündigten Maßnahmen um die Staufenmauer durchgeführt werden, bleibt bis zur Fertigstellung ein anderes Geheimnis – das des Magistrates.

Ein in die Straße eingelassener Steinring am Sachsenhäuser Ufer zeigt den Ort des ehemaligen Ulrichstein, ebenfalls Teil der alten Stadtbefestigung.

72

Villa Mumm
Richard-Strauss-Allee 11
60598 Frankfurt am Main
069 6333226
www.bkg.bund.de

DIE NIE GESENDETE RADIOAUFNAHME

Das Geheimnis um die Villa Mumm

Die Vorgänge um die Wahl zur Bundeshauptstadt liegen noch heute ungelöst im Dunkeln und werden wohl als Geheimnis die Zeit überdauern. Nicht auf Frankfurt, sondern auf Bonn fiel das Los, als im Jahre 1949 über die Hauptstadt der neu zu gründenden Bundesrepublik abgestimmt wurde. Dabei war am Main alles vorbereitet, um die neuen Bundesorgane willkommen zu heißen. Der Saal für den Bundestag war erbaut worden, weitere Ministerien vorbereitet und für den Sitz des Präsidenten wurde eines der feudalsten Häuser in Frankfurt ausgewählt: Die Villa des »Champagnerkönigs« Mumm von Schwarzenstein, die der Villa Hammerschmidt in Bonn in nichts nachstand. Der dazugehörige Park war gar mehr als doppelt so groß. Man fühlte sich auch geschichtlich legitimiert. Im Jahre 843 wurde Frankfurt quasi Hauptstadt des ostfränkischen Reichs. Später der Ort der Königswahlen und auch Sitz der Bundesversammlung im 19. Jahrhundert. Nicht zu vergessen das erste Deutsche Parlament in der Paulskirche.

Und dann fiel die Wahl auf Bonn. Die Dankesrede des Frankfurter Bürgermeisters Walter Kolb, eines gebürtigen Bonners, war schon aufgezeichnet, wurde aber nie gesendet. Der Schock war groß. Auch außerhalb der Stadtgrenze konnte man sich darauf keinen Reim machen. Das Magazin *Der Spiegel* berichtete in seiner Ausgabe von September 1950 über etwa 100 bestochene Abgeordnete, die insgesamt zwei Millionen Mark für ihre Stimme erhalten haben sollen. Der einberufene Bonner Ausschuss Nr. 44 stellte fest, dass ein strafrechtliches Delikt »Abgeordnetenbestechung« zu der Zeit gar nicht existierte. Deshalb war eine Klageerhebung nicht möglich. Frankfurt machte das Beste daraus. Aus dem geplanten Sitz des Bundestages wurde der Sendesaal des Hessischen Rundfunks. In der Villa Mumm befindet sich heute der Sitz des Bundesamtes für Kartographie und Geodäsie.

Sind Sie auf der Suche nach einer besonderen Karte, ob aktuell oder historisch, ob für unterwegs oder als Wandschmuck? Auf der Homepage des Institutes werden Sie fündig.

73

Schirn Kunsthalle
Römerberg
60311 Frankfurt am Main
069 2998820
www.schirn.de

Metropol Café am Dom
Weckmarkt 15
60311 Frankfurt am Main
069 288287
www.metropolcafe.de

RÄTSEL DER FRANKFURTER WÜRSTCHEN

Das Geheimnis rund um die Kunsthalle Schirn

Eine Frankfurter können Sie fast überall auf der Welt bestellen. In den USA im Brötchen als Hotdog, in anderen Teilen der Welt als Fast Food für zwischendurch.

Ihre fast 800 Jahre alte Geschichte dürfte jedoch nur den wenigsten bekannt sein. Etwas verwirrend ist sie auch heute noch. Wir werden versuchen, ein wenig Licht ins Dunkel zu bringen. Bei uns kennt man Frankfurter Würstchen schon seit dem 13. Jahrhundert. Damals unter dem Namen Frankfurter Bratwurst. Das Rezept und das Herstellungsverfahren waren lange ein gut gehütetes Geheimnis der Frankfurter Fleischerinnung. Reines Schweinefleisch, gut gewürzt und in Saitlinge gefüllt. Den typischen Geschmack erhält die Wurst durch das Räuchern bei niedriger Temperatur. Auch wenn die Frankfurter Würstchen über die Stadtgrenze hinaus bekannt und geschätzt waren, starteten die Frankfurter ihren weltweiten Siegeszug aus Wien.

Dorthin wanderte der Frankfurter Fleischer Johann Georg Lahner mit dem Originalrezept aus. Ab dem Jahr 1805 stellte er die ihm bekannten Würstchen aus Frankfurt in abgewandelter Form her. Lahner nannte sie nach seiner Heimat »Frankfurter«. Unter dieser Bezeichnung wurden sie weltbekannt. In Frankfurt reagierte man und ließ im Jahr 1860 »Frankfurter Würstchen« als Herkunftsbezeichnung schützen. Nur Produkte aus der Region Frankfurt dürfen sich heute so nennen. In Deutschland ist somit der Name »Frankfurter« für die »Frankfurter Würstchen« reserviert. Die Würstchen aus Wien, die weltweit unter dem Namen Frankfurter bestellt und verzehrt werden, kennzeichnet man hier als »Wiener Würstchen«.

Im Übrigen bezeichnete man die Marktstände der Metzger im mittelalterlichen Frankfurt als Schirne. Davon leitet sich der Name der Schirn ab, dem Ausstellungshaus zwischen Dom und Römer gelegen.

Wenn Sie jetzt Appetit bekommen haben, dann wenden Sie sich Richtung Mainufer und besuchen Sie hinter dem Dom das wenig touristische Café Metropol.

74

Museum Judengasse
Kurt-Schumacher-
Straße 10
60311 Frankfurt am Main
069 21270790
www.judengasse.de

Jüdisches Museum
Untermainkai 14/15
60311 Frankfurt am Main
069 21235000
www.juedischesmuseum.de

DIE EINST REICHSTE FAMILIE DER STADT

Das Geheimnis der Judengasse

Der Name der Familie wird Ihnen ein Begriff sein. Vielleicht haben Sie auch schon einen ihrer Weine probiert. Die wenigsten jedoch kennen den Ursprung der Familie und ihres Namens. Es begann mit Mayer Amschel. Er erblickte um das Jahr 1744 das Licht der Welt in der Frankfurter Judengasse, die sich annähernd entlang der heutigen Kurt-Schumacher-Straße befand.

Mit etwa 20 Jahren machte er sich als Münz- und Wechselhändler selbstständig und knüpfte so früh Kontakte zu adeligen Höfen. Als späterer Vermögensverwalter des Landgrafen von Hessen legte er den Grundstein des unermesslichen Reichtums. Weitere Geschäfte wie der Handel mit Tuch und Kolonialwaren kamen im Laufe der Zeit hinzu. Seine Frau Gutle, die Tochter eines benachbarten Geschäftsmanns, schenkte ihm fünf Söhne. Früh wurden diese an den Geschäften beteiligt und unter strategischen Gesichtspunkten nach Europa ausgesandt. Wien, London, Paris, Neapel und Frankfurt bildeten die Eckpfeiler der im 19. Jahrhundert wohl reichsten Familie der Welt. Ihr Erfolg beruhte auch auf Geheimnissen, die sie als Bankiers der Europäischen Fürstenhäuser erfuhren und geschickt zu nutzen wussten.

Bis zum Tode Gutles 1849 blieb Frankfurt das Zentrum der stetig wachsenden Familie. Familienfeste wurden im Stammhaus begangen. Auch wenn die Söhne mittlerweile in prachtvollen Häusern lebten, wohnte Gutle bis zu ihrem Tode noch immer in dem Haus mit dem grünen Schild vor der Tür. Als die Judengasse im Jahre 1890 abgerissen wurde, überlebte das Stammhaus der Familie als einziges und wurde, bis zur Zerstörung im Zweiten Weltkrieg, zum Museum der Familie. Der Name, unter dem die Familie bekannt ist, leitet sich nicht von ihrem Stammhaus mit dem grünen Schild, sondern vom Geburtshaus Mayer Amschels in der Judengasse ab. Das Haus mit dem roten Schild vor der Tür gab den Rothschilds ihren Namen.

Erfahren Sie mehr über das jüdische Leben in Frankfurt im Jüdischen Museum im ehemaligen Rothschild-Palais am Mainufer oder im Museum Judengasse.

75

Frankfurter Zoo
Bernhard-Grzimek-Allee 1
60316 Frankfurt am Main
069 21233735
www.zoo-frankfurt.de

Fritz Remond Theater
Bernhard-Grzimek-Allee 1
60316 Frankfurt am Main
069 444004
www.fritzremond.de

MEISTERSTÜCK IN DUNKLER NACHT

Das Geheimnis des Frankfurter Zoos

Aus heutiger Sicht hat Bernhard Grizmek Erstaunliches geleistet. In den Jahren seines Wirkens hielt er einige seiner Taten besser geheim – als unerhörte Dreistigkeit hätte man sie ihm wohl vorgeworfen. Als er 1945 zum Direktor ernannt wurde, hatte der Zoo eigentlich aufgehört zu existieren. Die Folgen des Krieges hatten ihn und seine Tiere fast völlig ausgelöscht. Keine 20 waren noch am Leben, andere irrten durch die Trümmer der Stadt. Die Militärregierung verweigerte die Wiedereröffnung. Also eröffnete Grizmek ohne Erlaubnis, dafür mit viel Einfallsreichtum und Energie. Die ersten Plakate, die nach dem Krieg in der Stadt aufgehängt wurden, waren jene des Zoos.

Mit Tieren zog er durch Frankfurt und lockte die Besucher mit Festen und anderer Unterhaltung. Sogar Damen-Schlammkämpfe (!) gehörten zum Programm. Das eingesammelte Geld wurde in den Zoo investiert. Zwei Löwen rettete er aus dem Schlachthaus, andere Tiere folgten aus der ganzen Republik. Dabei bewegte er sich immer am Rande der Legalität.

Sein Meisterstück vollbrachte er in einer dunklen Nacht. Mit entwendeten Schildern sperrte er zwei Straßen ab und schlug das Gebiet dem Zoo zu. Das Areal vergrößerte sich von sieben auf elf Hektar. Den neu eingesetzten Beamten fiel diese Dreistigkeit nicht auf. Erst Jahre später legalisierte das Land Hessen die nächtliche Zooerweiterung und löschte die beiden Straßen aus den amtlichen Verzeichnissen. In der Zwischenzeit gelangte der Zoo zu Weltruhm. Spektakuläre Zuchterfolge und sein Direktor waren dafür verantwortlich. Grizmeks Dokumentation *Serengeti darf nicht sterben*, die 1960 in Hollywood den Oscar erhielt und die *hr*-Fernsehserie *Ein Platz für Tiere* machten aus ihm einen Medienstar. In den Senderaum des Hessischen Rundfunks begleitete ihn stets ein Zootier. 1987 verstarb er unerwartet in einer Zirkusloge.

Das 1947 als »Kleines Theater im Zoo« gegründete Fritz-Remond-Theater im Bildhintergrund wurde zur Zeit Grizmeks eröffnet. Ein Besuch lohnt sich.

76

Alte Wohnung Rosemarie Nitribitt
Stiftstraße 36
60313 Frankfurt am Main

Stadtführung: Das Wirtschaftswunder und die Nitribitt
Startpunkt: Hauptbahnhofsvorplatz
60329 Frankfurt am Main
www.kulturothek-frankfurt.de

Der Fall Rosemarie Nitribitt

Das Geheimnis der Stiftstraße 36

Es ist nicht übertrieben, ihren Tod als spektakulärsten Mordfall im Nachkriegsdeutschland zu bezeichnen. Um Ihr Leben und die ungeklärten Umstände ihres frühen Todes ranken sich noch heute Geheimnisse und Spekulationen. Ihr Leben war reine Provokation. Ihr Sterben ein Sittenskandal, der die Republik bewegte. Die aus ärmlichen Verhältnissen stammende Rosalie Marie Nitribitt begann ihren Weg als Prostituierte im Alter von 12 Jahren. Reiche und Adelige wurden Ihre Kunden. Ihr Markenzeichen waren ein schwarzes Mercedes Cabrio mit auffallenden roten Sitzen. Dazu trug sie Pelz und große Topfhüte. Damit kannte sie wohl jeder in Frankfurt.

Am 1. November 1957 wurde Rosemarie ermordet in ihrer Wohnung in der Stiftstraße 36 aufgefunden. In den Nachrichten sprach man vom Tod eines 24-jährigen Mannequins. Die Bezeichnung Prostituierte war für die Nachrichten in den prüden 50er-Jahren nicht geeignet. Die Untersuchungen der Polizei: ein reines Ermittlungsdesaster, eine Farce. Zeugen werden spät oder gar nicht befragt, Akten schlecht geführt, Beweismaterial verschwindet zum Teil als Souvenir der ermittelnden Polizei. Die Nitribitt-Akte wird noch heute unter Verschluss gehalten, um Beteiligte zu schützen, wie es heißt. Mit einer Sondergenehmigung durfte der Hessische Rundfunk in den 90er-Jahren Beweismaterialien auswerten. Es fehlten jedoch zum Sichtungstermin mehrere Ermittlungsakten, Tonbänder, zahlreiches Bildmaterial und ein Notizbuch der Nitribitt. In den Akten tauchten die Namen deutscher Industriellenfamilien wie Quandt, Sachs, Krupp auf.

Zwei Filme, ein Musical und jede Menge Bücher erschienen über das Leben und Sterben der Nitribitt. Licht konnte so bisher nicht in das Dunkel gebracht werden. Der Inhalt des ominösen Notizbuchs soll 2027 veröffentlicht werden. Vielleicht kann man so dem Geheimnis auf die Spur kommen.

Auf eine lohnenswerte Stadtführung zum Leben und Sterben der Nitribitt nimmt Sie die *Kulturothek* mit.

77

Senckenberg Forschungsinstitut und Naturmuseum
Senckenberganlage 25
60325 Frankfurt am Main
069 75420
www.senckenberg.de

Dr. Senckenbergische Stiftung
Nibelungenallee 37–41
60318 Frankfurt am Main
069 1500319
www.senckenbergische-stiftung.de

Warum in die Ferne schweifen?

Das Geheimnis des uralten Hundes am Senckenberginstitut

1763 gründete Dr. Johann Christian Senckenberg die nach ihm benannte Stiftung. Sie umfasst außer dem beliebten Naturkundemuseum im Frankfurter Westen auch weitere Museen in Dresden und Görlitz sowie Forschungsinstitute zu den Bereichen Ökosystem und Arterhaltung in Wilhelmshaven, Gelnhausen, Messel und Weimar. Viele Expeditionen wurden seit der Gründung der Stiftung weltweit unternommen. In Südamerika, Afrika und Asien fanden Ausgrabungen statt, um dem Geheimnis der Entstehung menschlichen und tierischen Lebens auf die Spur zu kommen.

Vor diesem Hintergrund waren die Ereignisse des Frühjahres 1914 schon fast als sensationell zu bezeichnen: In der Robert-Mayer-Straße, in unmittelbarer Nachbarschaft des Senckenbergmuseums wurde eine große Baugrube für das neue Chemische Institut der Universität ausgehoben. Schwarzer Morast trat zutage, hier musste vor Urzeiten einmal ein Moor gewesen sein. Plötzlich tauchten Knochen auf, sehr große Knochen. Ein Paläontologe wurde hinzugezogen und tatsächlich: Es handelte sich um einen Auerochsen, den längst ausgestorbenen Urahn unserer heutigen Rinder. Und nicht nur das, ein zweiter kleinerer Schädel wurde gefunden, der eines Hundes. Nun gab es 1914 noch keine Analysemethoden, um das Alter der Knochen zu bestimmen, doch diese wurden sorgsam verpackt und überdauerten den Zweiten Weltkrieg.

In den 60er-Jahren gelang es den Senckenberg-Wissenschaftlern mittels einer Pollenanalyse längst ausgestorbener Pflanzen das Alter der Knochen zu ermitteln. Und damit folgte die eigentliche Sensation: Nicht der Auerochse war das wirklich Interessante, sondern der Hund. Es war das älteste Hundeskelett, das man damals kannte: geschätzte 10.000 Jahre alt. Und das direkt neben dem Stammsitz der Senckenbergschen Gesellschaft, ohne Expedition und ohne Reisen in ferne Länder!

Sogar ein Krankenhaus gehört zur Stiftung, das Frankfurter Bürgerhospital, das heute noch existiert und sehr erfolgreich arbeitet.

78

Liebieghaus Skulpturensammlung
Schaumainkai 71
60596 Frankfurt am Main
069 6500490
www.liebieghaus.de

ARIADNES GESCHICHTE

Das Geheimnis der Liebieghaus Skulpturensammlung

Das Geheimnis einer Frau liegt verborgen in ihrer Aura und in den Geschichten, die man über sie zu erzählen vermag. Ariadnes Geschichte beginnt in der griechischen Mythologie. Mithilfe des Ariadnefadens findet Theseus den Weg durch das Labyrinth des Minotaurs. Aus Dankbarkeit nimmt er die Tochter des Königs Minos mit auf seine Reise, lässt sie jedoch auf Naxos zurück. Dort wird sie vom Weingott Bacchus getröstet und erhält Einzug in den Olymp.

Machen wir einen Sprung ins frühe 19. Jahrhundert. Der Bildhauer Johann Heinrich von Dannecker entwirft ein Tonmodell der Ariadne auf dem Panther. Dieser Entwurf zieht den Bankier Simon Moritz von Bethmann in seinen Bann. 11.000 Gulden ist ihm das endgültige Werk in carrarischem Marmor wert. Vier Jahre, bis 1814, arbeitet Dannecker an der Figur. Auf dem Anwesen der Bethmanns wartet bereits der Ariadneum genannte tempelartige Anbau. Im heutigen Odeon im Frankfurter Anlagenring war der Eintritt für jedermann frei. Hier avancierte die Ariadne schnell zu einer der Hauptattraktionen Frankfurts und gilt bis heute als populärste Skulptur des 19. Jahrhunderts.

Die Frankfurter Naxos-Union, die mit dem Schmirgel von der Insel Naxos berühmt wurde, verewigte die Skulptur in ihrem Logo. 1941 ging die Ariadne als Geschenk an die Stadt. Heute befindet sich das Original im Liebieghaus – nachdem es im Krieg schwer beschädigt und erst später restauriert wurde. Eine Kopie finden Sie im Museumspark.

Ariadnes Geheimnis liegt für viele in ihrer erotischen Freizügigkeit und der monumentalen Form. Oder fasziniert die Zähmung der Wildheit durch die Schönheit den Betrachter mehr? Entscheiden Sie selbst. Haben Sie ihr Geheimnis gelüftet, wird sie Ihnen noch häufiger begegnen. Sei es als Bronze bei einem Antiquitätenhändler in Kopenhagen oder als Tonfigur in der Kulisse eines Films von Woody Allen.

Kinder, als auch Erwachsene, können in einem Atelierkurs im Liebieghaus eine eigene Skulptur erschaffen (Informationen dazu im Netz).

79

Philipp-Reis-Denkmal
Anlagenring Ecke
Oederweg
60318 Frankfurt am Main

Physikalischer Verein
Arthur-von-Weinberg-
Haus
Robert-Mayer-Straße 2
60325 Frankfurt am Main
069 704630
www.physikalischer-
verein.de

DIE SELTSAME APPARATUR

Das Geheimnis um das Philipp-Reis-Denkmals

Dieser geheimnisvolle Apparat sollte noch von sich reden machen. Seine Weltpremiere fand in den Räumen des Physikalischen Vereins in Frankfurt statt. Das Gerät bestand diese mit Bravour. Die Mitglieder des Vereins und weitere geladene Gäste kamen am 26. Oktober 1861 im Senckenbergmuseum am Eschenheimer Tor zusammen. Unter den Besuchern befand sich auch Werner von Siemens, der eigens aus Berlin anreiste, um der ersten öffentlichen Vorführung beizuwohnen.

Alles war vorbereitet. Das Gebäude war durch Drähte mit dem Bürgerhospital an der Stiftstraße verbunden. Philipp Reis, ein Erfinder aus Gelnhausen, hatte den unbekannten Kasten kurz zuvor erfunden und zu einer Demonstration geladen. Der Vortragstitel lautete »Über die Fortpflanzung von Tönen auf beliebige Entfernungen durch Vermittlung des galvanischen Stroms«. Ein Angestellter im rund 100 Meter entfernten Hospital spielte zunächst auf einer Geige, danach auf einer Flöte. Was viele nicht für möglich hielten, wurde wahr. Der dünne Draht übertrug die Töne in den Hörsaal des Vereins. Applaus und Glückwünsche für den Erfinder. Reis nannte seinen Apparat »Telephon«. Die Anwesenden wurden Zeugen des ersten Telefonats der Welt.

Reich wurde er mit seiner Erfindung leider nicht. Reis starb 1874 im Alter von nur 40 Jahren. Alexander Graham Bell entwickelte das Telefon weiter und brachte es zur Marktreife. Frankfurt ging in die Geschichte ein als erster Ort weltweit, an dem man Telefone kaufen konnte. Heute erinnert wenig an dieses historische Ereignis. Die beiden Gebäude des ersten Telefonats existieren nicht mehr und als Erfinder des Telefons sind andere Namen geläufiger. Nur ein Denkmal im Anlagenring, wo einst der Physikalische Verein zum Vortrag lud, informiert über das Ereignis. An ihm lässt sich gut studieren, wie das erste Telefon aussah, lange vor Handys und Smartphones.

Der Physikalische Verein von 1824 bietet auch heute noch ein vielfältiges Programm für wissenschaftlich Interessierte.

80

Haus Wertheym
Fahrtor 1
60311 Frankfurt am Main
069 281432
www.haus-wertheym.de

DAS ÄLTESTE WOHNHAUS DER INNENSTADT

Das Geheimnis des Hauses Wertheym

Ist es Schicksal, wenn nur ein Haus der Altstadt den Zweiten Weltkrieg unbeschadet übersteht? Steckt mehr dahinter? Um diesem Geheimnis auf die Spur zu kommen, nehmen Sie am besten vor dem Haus Wertheym Platz. Genießen Sie den Ausblick auf Main und Römerberg und versetzen Sie sich in die 40er-Jahre des 20. Jahrhunderts. Sie befinden sich jetzt in der größten mittelalterlichen Altstadt Deutschlands. Das um das 16. Jahrhundert im Renaissancestil erbaute Haus Wertheym ist nur eines von rund 2.000 historischen Häusern im alten Stadtkern. Nicht einmal ein Herausragendes. Eine kleine Besonderheit weist es jedoch auf. Diese Eigenschaft ist wie eine Versicherung in den Bombennächten des Zweiten Weltkriegs.

In der dicht gedrängten Innenstadt war es kaum möglich, Bunker für die Bevölkerung zu errichten. Die enge Bebauung und die ausgekragten hölzernen Obergeschosse sorgten für eine enorme Brandgefahr. Besten Schutz hingegen boten die oft mehrgeschossigen Kellergewölbe. Selbst schwerste Sprengbomben vermochten es nicht, dem extrem harten Mörtel zu schaden. Darum ließ man die Kellerräume der Innenstadt verbinden. Dadurch sollte sichergestellt werden, im Notfall durch das Nachbarhaus entkommen zu können. Die Häuser der Innenstadt waren durch diese Maßnahme mit unzähligen Kellerräumen verbunden. Theoretisch war es möglich, innerhalb eines zusammenhängenden Netzes unterirdischer Fluchtwege vom Main bis zum etwa einen Kilometer entfernten Eschenheimer Turm zu gelangen, ohne das Tageslicht zu erblicken. Um das Entkommen an die Oberfläche zu gewährleisten, wurden zusätzliche Notausgänge bestimmt und besonders geschützt. Das Haus wurde wegen seines stabilen Unterbaus und der Nähe zum Main und somit zum Löschwasser als Notausstieg ausgewiesen.

Das ist das Geheimnis, warum das Haus Wertheym als einziges Wohnhaus nach dem Krieg noch stand.

In der Konditorei *ConditCouture* im Haus Wertheym können Sie einem weiteren Frankfurter Geheimnis auf die Spur kommen: den Bethmännchen.

KRIMIS AUS DER REGION

Köstering,
Falkensturz
1. Fall
978-3-8392-1600-2

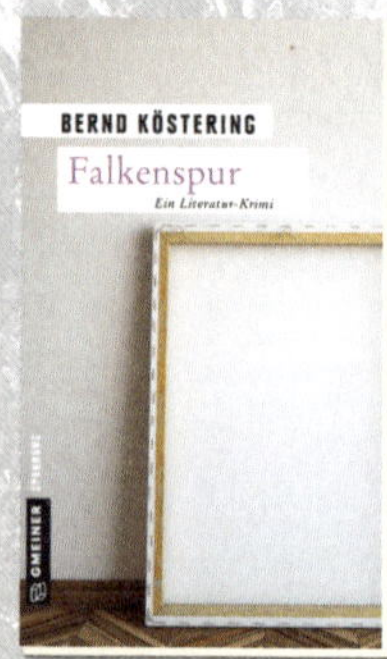

Köstering,
Falkenspur
2. Fall
978-3-8392-1844-0

Köstering,
Goetheruh
1. Fall
978-3-8392-1045-1

Köstering,
Goetheglut
2. Fall
978-3-8392-1181-6

Köstering,
Goethesturm
3. Fall
978-3-8392-1330-8

Köstering,
Goethespur
4. Fall
978-3-8392-2398-7

GMEINER SPANNUNG

WWW.GMEINER-VERLAG.D
Wir machen's spannen